Fundamental Weight Training

力量训练基础

103个动作练习全面发展身体力量与体能

[美] 大卫·桑德勒（David Sandler）著　吴希林 译

U0740678

人民邮电出版社

北　京

图书在版编目（CIP）数据

力量训练基础：103个动作练习全面发展身体力量与体能 /（美）大卫·桑德勒（David Sandler）著；吴希林译. -- 北京：人民邮电出版社，2018.2
ISBN 978-7-115-46214-5

Ⅰ. ①力… Ⅱ. ①大… ②吴… Ⅲ. ①力量训练—教材 Ⅳ. ①G808.14

中国版本图书馆CIP数据核字(2017)第217338号

免责声明

本书内容旨在为大众提供有用的信息。所有材料（包括文本、图形和图像）仅供参考，不能用于对特定疾病或症状的医疗诊断、建议或治疗。所有读者在针对任何一般性或特定的健康问题开始某项锻炼之前，均应向专业的医疗保健机构或医生进行咨询。作者和出版商都已尽可能确保本书技术上的准确性以及合理性，且并不特别推崇任何治疗方法、方案、建议或本书中的其他信息，并特别声明，不会承担由于使用本出版物中的材料而遭受的任何损伤所直接或间接产生的与个人或团体相关的一切责任、损失或风险。

内 容 提 要

本书是全面了解力量训练的经典教程。全书分为三部分：第一部分（第1~2章）介绍了力量训练的基础知识、训练原则、作用原理和主要训练术语；第二部分（第3~14章）对阻力训练类型、训练前的热身、拉伸、训练后的恢复以及胸部、背部、肩部、臀部、上肢、核心区、下肢等身体部位的力量动作练习进行真人示范分步骤图解；第三部分（第15~16章）介绍了力量训练计划的制订原则及方法，并给出针对性的训练方案。本书是提升力量与体能、塑造形体并保持健康不可或缺的指导书。

◆ 著　　　[美] 大卫·桑德勒（David Sandler）
　　译　　　吴希林
　　责任编辑　寇佳音
　　责任印制　周昇亮

◆ 人民邮电出版社出版发行　　北京市丰台区成寿寺路 11 号
　　邮编　100164　　电子邮件　315@ptpress.com.cn
　　网址　http://www.ptpress.com.cn
　　北京虎彩文化传播有限公司印刷

◆ 开本：700×1000　1/16
　　印张：14　　　　　　　　2018 年 2 月第 1 版
　　字数：227 千字　　　　　2025 年 10 月北京第 18 次印刷
　　著作权合同登记号　图字：01-2016-10044 号

定价：68.00 元

读者服务热线：(010)81055296　印装质量热线：(010)81055316
反盗版热线：(010)81055315

将 本书献给我的妻子黛比，感谢你一直孜孜不倦地支持我那些疯狂的想法，正因如此，我才能在行业中专心学习、教学和实践。同时也要将其献给我的儿子杰克，感谢你给予我灵感，让我无论做什么都想努力做到最好。我非常爱你们！

目　录

练习一览表

练习	目标部位										页码
	胸部	背部	肩部	斜方肌	上肢	核心区	臀部	股四头肌	腘绳肌	小腿	
静态拉伸											
肱二头肌拉伸					√						43
小腿肌肉拉伸										√	39
腹股沟部肌肉拉伸							√		√		40
腘绳肌和下腰拉伸		√							√		40
臀部屈肌拉伸							√	√			41
胸肌拉伸	√		√								41
股四头肌拉伸								√			39
三角肌后束和上背拉伸		√	√	√							42
肱三头肌拉伸					√						42
上背拉伸		√		√							43
动态拉伸											
上臂前交叉	√	√	√	√							45
鸭式行走							√	√	√	√	46
抱膝走							√	√		√	45
俯撑横向走	√		√		√	√					48
弓步双臂上举	√						√	√			44
登山式爬行							√	√			48
手臂过顶下蹲	√						√	√			47
蜘蛛侠式爬行	√	√					√	√			49
手足爬行	√	√									47
旋转躯干							√	√			46
器械力量训练											
绳索内收肌上举							√		√		146
背屈伸						√			√		122
绳索交叉	√		√								60
绳索肱二头肌弯举					√						104
绳索飞鸟	√		√								58
肱三头肌绳索反握下拉					√						113

练习	目标部位										页码
	胸部	背部	肩部	斜方肌	上肢	核心区	臀部	股四头肌	腘绳肌	小腿	
器械力量训练（续上）											
体前下拉		√		√	√						69
髋屈伸							√		√		143
绳索臀屈肌上举							√	√			147
背阔肌下拉		√		√	√						67
腿屈伸								√			157
腿举							√	√			140
举腿提踵										√	176
低位绳索后踢							√		√		144
俯卧腿弯举									√		164
肩胛内收		√		√							92
坐式提踵										√	178
坐姿腿弯举									√		166
坐式划船		√		√	√						64
绳索侧向上举							√				145
单腿弯举									√		167
直臂下拉		√		√	√						71
肱三头肌下压					√						98
哑铃力量训练											
哑铃卧推	√		√		√						55
哑铃弯举					√						96
哑铃飞鸟	√		√								59
哑铃仰卧屈臂上拉	√	√									70
哑铃划船		√		√	√						66
哑铃下蹲					√	√	√	√			156
肱三头肌哑铃俯身臂屈伸					√						111
前平举			√	√							81
单臂哑铃弯举					√						102

（续）

练习一览表（续）

练习	目标部位										页码
	胸部	背部	肩部	斜方肌	上肢	核心区	臀部	股四头肌	腘绳肌	小腿	
哑铃力量训练（续上）											
侧平举			√	√							82
前后分腿蹲						√	√	√	√	√	158
肱三头肌颈后臂屈伸					√						112
俯身飞鸟			√	√							83
肩推			√		√						78
侧向弯腰						√					125
单臂卧推	√		√		√						56
仰卧肱三头肌臂屈伸					√						107
非稳定卧推	√		√		√						57
腕弯举					√						100
杠铃力量训练											
杠铃肩推			√		√						80
卧推	√		√		√						52
俯身杠铃划船		√		√	√						72
窄握卧推	√		√		√						110
前蹲			√			√	√	√		√	154
斜推	√		√		√						54
牧师凳肱二头肌弯举					√						105
正握杠铃弯举					√						106
罗马尼亚硬拉						√	√		√		128
负重耸肩				√							88
单腿下蹲						√	√	√		√	155
下蹲						√	√	√		√	152
站姿肱二头肌弯举					√						103
仰卧肱三头肌臂屈伸					√						107
直立提拉			√	√							90
腕弯举					√						100
身体自重力量训练											
凳上反屈伸	√				√						109
引体向上		√		√	√						68

练习	目标部位										页码
	胸部	背部	肩部	斜方肌	上肢	核心区	臀部	股四头肌	腘绳肌	小腿	
身体自重力量训练（续上）											
仰卧卷腹						√					120
双杠臂屈伸	√		√		√						108
肘掌平板支撑	√				√	√					131
消防栓旋转练习						√	√				129
提踵										√	174
转动平板支撑	√				√	√					132
平板支撑	√				√	√					130
骨盆举						√					126
反向仰卧卷腹						√					127
单腿提踵										√	177
单腿下蹲						√	√	√		√	155
下蹲提踵											179
稳定球后拉							√		√	√	169
凳上跨步		√				√	√	√	√	√	142
超人练习		√				√	√				133
扭转卷腹						√					124
行进分腿蹲						√	√	√	√	√	159
阻力绳、同伴以及其他力量训练											
脚踝内转外翻										√	181
斧劈		√	√	√	√	√	√		√		135
稻草人拉力练习		√	√		√						91
站姿转体						√	√				134
脚背对抗练习										√	180
卷腕练习					√						114

致谢

想制作一份清单，列出所有影响我生活和增加我学识的人，这只是徒劳，其中一定会无意间遗漏一些人。但是，我要感谢所有我有幸教过的学生，所有指导过的运动员以及所有培训过的客户。是你们的热情激励让我寻找到更好的方法，没有你们和你们的辛勤工作，本书将无法完成。感谢我曾求学和任教的所有学校。知识就像一辆车，没有燃料不可能奔跑，是你们教会了我如何将"水变成汽油"，对此我感激不尽。

感谢所有团队、媒体制作公司、设备生产商、杂志、认证组织以及赞助商，感谢你们邀请我分享你们的成功，并让我可以随着健康、健身和体育表现等诸多领域的不断发展而一起学习与成长。

在此，我要单独向世界最大的体育和健身周末赛事阿诺德体育节的共同创始人吉姆·洛里默以及与体育节同名的阿诺德·施瓦辛格以及他们的家人表示衷心的感谢，感谢你们为全世界带来了健康，也感谢你们相信我有能力领导体育节的培训教育事业。

最后，代表我的兄弟姐妹麦克和洛丽，感谢我们的父母乔伊斯和史蒂芬，感谢他们给予我们巨大的支持和鼓励。

主要肌肉

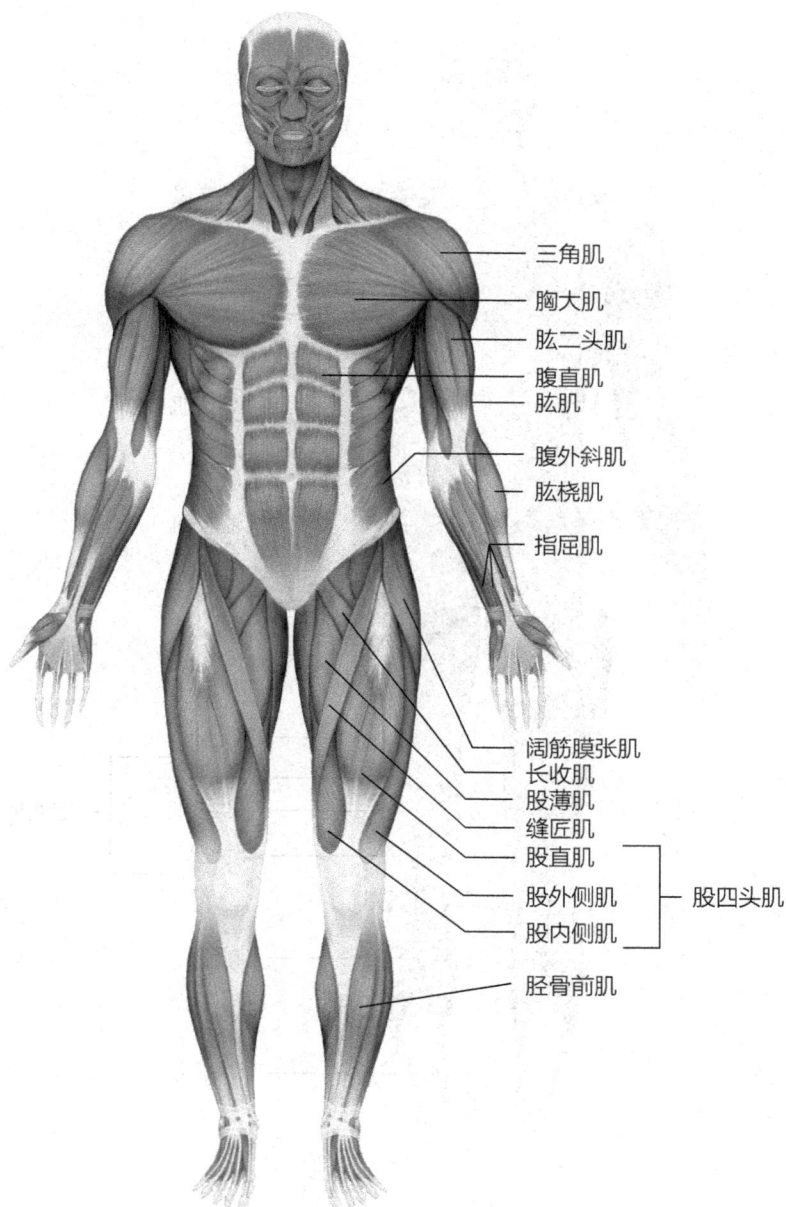

三角肌
胸大肌
肱二头肌
腹直肌
肱肌
腹外斜肌
肱桡肌
指屈肌
阔筋膜张肌
长收肌
股薄肌
缝匠肌
股直肌
股外侧肌
股内侧肌
股四头肌
胫骨前肌

（续）

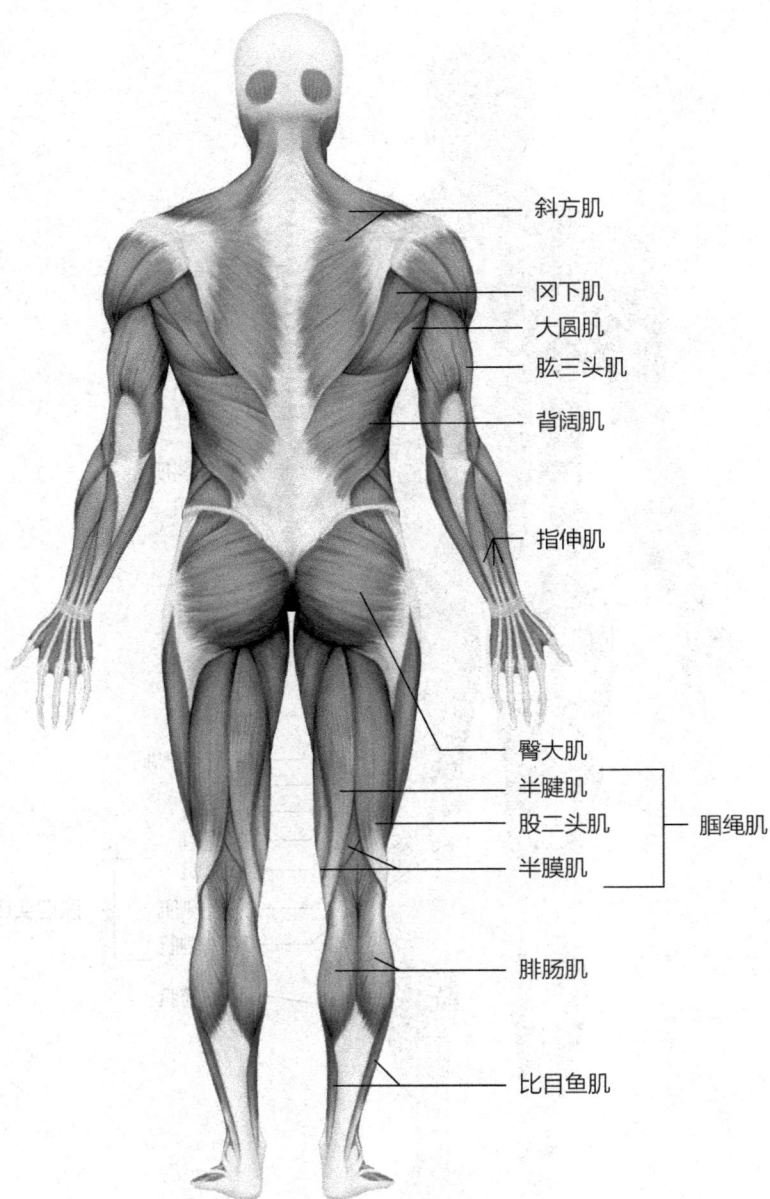

斜方肌

冈下肌

大圆肌

肱三头肌

背阔肌

指伸肌

臀大肌

半腱肌

股二头肌　　　腘绳肌

半膜肌

腓肠肌

比目鱼肌

第1章

力量训练简介

对于力量训练来说，选用适宜的方法是至关重要的，如果训练方法运用得当，力量训练可以产生良好的训练效果。力量训练可以增强基础力量，提高爆发力和肌肉耐力，提高平衡与协调能力，减少体脂含量。然而，如果选用方法不得当或动作不规范，进行力量训练可能容易受伤。

对多数人来说，锻炼是一件富有挑战的事情，而进行力量训练则对练习者提出了更高的要求。本书介绍的相关知识与方法能帮助你控制体重，打造完美身材，良好的体态能使你感觉愉悦，并保持好的心情。

力量训练的锻炼效果远远大于其他任何练习，力量训练能增加肌肉密度，燃烧更多热量，改善肌肉外形，提高自信心。由于肌肉力量与耐力的增加，进行爬楼等体力活动时会倍感轻松，力量训练能大幅提高健康水平。

力量训练基础知识

力量训练知识源于现代健身运动原理。数千年之前人类就开始了早期的力量训练，然而，在过去的20年中，我们才认识到力量训练对体质健康具有如此大的促进作用。由于力量训练历史悠久，力量训练的定义种类繁多，力量训练的理念千差万别，如果你要寻找一个适合自己的力量训练计划，你会发现成千上万种方案。

关于力量训练，有很多常见的但没有事实根据的说法，例如力量训练很危险，可能降低身体灵活性，可能阻碍身体生长等。然而，研究证明，这些说法是错误的，实际情况可能恰恰相反。事实上，力量训练是一种较为安全的锻炼形式，相比篮球、网球、高尔夫和跑步等运动来说，力量训练的损伤概率要低很多，只要遵循一些简单的准则，在力量训练中就能很好地控制运动损伤。

力量训练有助于预防其他运动造成的各种损伤。不论是进行体育运动还是行走在结冰的街道上，随时都有可能出现损伤。通过力量训练，能增强骨骼、肌肉、关节以及结缔组织的灵活性，可以有效避免因摔倒或与对手碰撞而产生的急性损伤。事实上，力量训练真正的好处还在于能有效预防肩、膝和腰等关节的慢性损伤与痛疼，而这些慢性损伤与疼痛给人们的日常生活带来了诸多困难。

在体育运动或体力活动中，由于训练不足或使用过度带来的肌肉不平衡，是导致运动损伤的主要原因。多数体育运动和日常活动都迫使我们长时间使用某种固定的姿势，使得肢体一侧的运动量大于对侧，从而导致肌肉不平衡，一些肌肉和关节局部负荷过大。研究发现，如果肢体两侧肌肉差异超过10%，损伤风险将增加20倍。通过阻力绳、哑铃和单边训练器械，对肢体两侧进行单边训练，让肢体单独运动，可以纠正肌肉失衡发展现象，降低慢性损伤和疼痛风险。总之，力量训练可以有效降低运动损伤风险。

很多人误认为力量训练会过度增长肌肉维度，力量训练往往得不到重视，遭到误解，即使最终得以实施，做法也不正确。一般的力量训练本身不会过度增加肌肉体积，除非健美运动员有针对性的训练计划安排才能达到此目的。因此一般人群进行力量训练，既能很好地增进健康，同时肌肉也不会过于发达，力量训练可以增强肌肉耐力，使肌肉外形变得细长，同时也为日常活动提供足够的力量。对于想提高运动表现的人群来说，力量训练可以增强基础力量和爆发力，使你的优势超过对手。无论什么人群都应该进行身体锻炼，其中，力量训练必不可少，然而，要想实现特定目标，必须对训练计划进行科学设计与安排。

要认识力量训练的价值，有必要理解身体运行的方式。人体的复杂程度超过了人类所制造的任何一台机器，可能我们无法完全认识人体。近一百年来，关于力量训练的种种益处，研究已经取得了一些惊人的发现。随着研究进展，关于使用外部负重如何增加肌肉体积、力量和爆发力等机理将得到进一步的揭示。

进行力量训练时，特定肌肉内部的蛋白丝、肌凝蛋白、肌动蛋白、肌钙蛋白和原肌球蛋白等结构出现微损，经过充分的休息和营养补充，损伤不仅得以修复，而且肌肉得到了加固，可以应对更大的负荷。这点已于20世纪20年代早期得到了证实，当时一位名为汉斯·谢耶的医生发现，在受到感染或压力后，所有活体组织都会经历一个活动增强、组织增强与应力增加的变化过程。在公元前6世纪中叶，人们可能还不知道这个原理，但那时就有人将这个原理应用于训练之中，有一位叫米洛的克罗通纳农民，他每天将一头小牛举起来，随着小牛长成大牛，其力量也随之增长，这可说是汉斯原理的首次应用，也就是所谓的渐进式超负荷训练。

抗衰老方法

肌肉体积和力量水平与心血管健康和体能水平之间具备较高的相关性。但这并不是说必须练就健美运动员的肌肉或马拉松运动员的心脏。实践证明，肌肉体积即使出现小幅增加就能较大幅度地提高力量水平。随着年龄增长，肌肉质量和力量均呈现稳步下降趋势，导致慢性疼痛，日常活动困难，严重者甚至丧失独立生活能力从而影响生活质量。人体机能退化最早从30岁开始，并呈现逐年加重趋势。研究发现，每周进行2~3次强度适中的全身力量训练，可以有效延缓甚至逆转身体衰老过程的迹象。就力量训练来说，什么年龄开始都不为迟，即使80~90岁的老人进行力量训练都能增加肌肉的质量和力量，许多人在退休后开始力量训练，其体能和健康状况均超过年轻时的水平。

近几年来，我们已经对肌肉生理的有关问题有了较为深入的了解，随着动物实验与人体运动的研究发现，不论性别和年龄，机体肌肉有着相似的反应，不同人群之间不同的反应差异可能是不同类型的训练所致。以往，认为肌肉体积和力量的获得主要取决基因，现在我们认为指导训练的特定方法才是最重要的因素。

这个观点对于增肌困难的人群来说无疑是一个好消息，不论何时开始力量训练计划，只要用正确的方法刻苦训练，就能看到良好的效果。为了达到理想的训练效果，首先要明确训练目标，然后执行训练计划，在训练过程中要确保训练手段与训练目标的一致性。

要取得理想的训练效果，在执行科学训练计划的前提下，还需要付出一定的努力，许多电视导购节目试图让大家相信，只要每周训练几次，每次几分钟就能看到效果，但是事实却并非如此。要确保每周去几次健身房，每次锻炼时间不低于30分钟。最理想的训练时间为60~75分钟，其中包括热身和放松。你也没必要变成运动损伤狂人或为了运动而彻底改变生活，虽然减少训练时间也能得到效果，但是获得成功的最佳方法是运用科学的方法进行锻炼。从长远来看，要确保成功，实际上没有捷径可走，但有明智的方法可遵。

究竟需要多大运动量才能取得理想效果是一个极具争议的话题。在制订训练计划时，一个关键的内容是确定合适的运动量，从而确保身体可以及时恢复与重建，并为下次训练做好准备。

力量训练原则

在力量训练中应该遵循基本的训练原则，这些原则为训练计划制订者提供了有用的指南和思路。

频率、强度、时间和类型（FITT）

FITT为制订训练计划提供了指导原则，其中，频率（F）指的是每周训练的次数，强度（I）指的是每组进行练习的次数，时间（T）指的是每次课、组练习或训练间歇延续的时间长度，类型（T）指的是进行练习的形式。在制订训练计划时，按照计划本身所做的一切训练加上日常的运动将对训练计划的效果产生影响。如果训练频率过高，将无法获得合理的回报，并且可能造成训练过度，这个生理学名词指的是身体无法进行适当的恢复。同时，如果训练频率过低，也可能看不到训练成果，因为你的身体承受的负荷还不够，没能出现适应性改变。

一般来说，力量训练持续的时间不应该超过1小时，每次训练选择10~12组练习，每周训练3次是最理想的。然而，哪怕每周只有1次训练也比没有好，同样，虽然高水平举重运动员每周可能训练4~5次，但是应该尊重身体的恢复能力，这一点非常重要。训练相同部位时，两次训练之间至少要间隔24小时，48小时更好。重力训练可以使用各种不同的设备来提供阻力，包括哑铃、配重杠铃、器械、阻力绳等，甚至是自己的体重。

渐进式超负荷训练

渐进式超负荷训练（GPO）遵循两个基本原则：使用渐进负荷与超负荷。超负荷原则指身体必须受到超出已经适应水平的刺激才能获得理想的训练效果，这并不是说使用较小的刺激对身体没有好处，而是身体承受的负荷大于正常值时才会出现更大的适应。超负荷的形式很多，可以增加阻力、强度、持续时间、训练频率、训练形式等，也可以将这些变量进行任意组合。

　　盲目给杠铃加码，然后尝试将它举起的做法是不科学的，尤其对于初学者来说，如果身体还没有准备好应对超量负荷，就不应该急于使用超负荷。根据渐进式负荷原则，增加训练重量时，一般增加5~10磅，约2.5~5千克；增加次数时要保证正确的姿势。损伤最常见的原因是进度过快，所以在使用超负荷训练时，首先要确保在已经充分适应了原有负荷的基础上进行。至于是选择增加重量还是重复次数，取决于训练目标。

个体差异和针对性

　　如果你想和好友一起进行锻炼，要考虑到朋友与你在年龄、身高、体重和身材等因素是否相同。如果不同，训练重量、训练方式以及训练成果势必存在不同程度的差异，我们将这种差异称为个体差异。个体差异性原则注重每个人的差异性，在设计训练计划时应该充分考虑到这些差异。在开始训练之前，必须了解每个人在身体结构、运动能力、兴趣爱好、锻炼目标以及提升速度等方面的特定差异，在制订训练常规计划时，将这些所有的因素都考虑进去。

　　训练计划应该量身打造，训练方法与手段要按照练习者的具体情况来安排，这样才能取得理想的训练效果，这就是针对性原则。身体受到某种特定的刺激后会产生相应的反应和训练效应，换言之，要取得预定的训练效果，应该根据个体差异有针对性地选择训练方法与手段。

　　人体是一个神奇的机械装置，在一定的范围，怎么训练，就会产生什么样的反应。运用特定的训练方法，机体就会产生特异性的变化，如果想增加肱二头肌的体积，那么就应该进行臂弯举训练。虽然这听起来是常识，但是在健身房里人们往往并不懂得这样去做。如果走进一间普通的哑铃锻炼室，会看到人们在做着各种疯狂的事情，其中很多训练并没有遵循针对性原则。如果锻炼没能产生预期效果，那么锻炼方法很可能不太适合。

　　对于绝大部分练习者而言，建议在进行各种肌肉训练时，一般安排1~3组，每组8~12次，尽管如此，大家还必须考虑个体差异原则，运用有针对性的训练方法，毕竟一套训练计划难以适合所有的人。本书第16章将向大家介绍针对具体目标的训练计划。

适应

从现在开始，你有一个好机会享受今后的美好生活，因为你的身体将会适应你所做的力量训练，从而从中获益。抗阻力训练可以让人受益终生。使你肌肉力量提高、耐力加强、肌肉体积增加、骨骼增强，甚至提升整体形象和幸福感。举重会帮助你燃烧更多的脂肪。如果力量训练安排合理，身体将会进行相应的适应。同样，在不参加任何锻炼的情况下，人体适应性特点也能解释为什么会出现体重增加，而力量和灵活性下降。

进行力量训练时，身体会进行适应，造成这种适应的直接原因是FITT原则的应用以及具体方法的针对性安排，这一概念称为SAID（特异适应），身体只会在目标部位出现改善。因此，如果训练计划不包括身体的所有部位，那么在锻炼过程中只有受到训练的身体部位才会出现适应。上半身发达而两条腿超细的练习者，因为在训练计划中没有安排足够的腿部练习，所以两条腿才没有出现适应性改善。

恢复

恢复是一个最重要的锻炼概念，但由于常常受到忽视，从而影响了训练效果。身体需要休息，但前提是必须进行艰苦的训练。如果采取零散的锻炼方式，在休息间隙偶尔进行锻炼，也许无所谓恢复。但是，如果每次都进行大强度训练，那么就需要适当的休息，恢复情况取决于前一组的训练强度以及训练目标。如果想提高耐力，休息时间较短，如果希望增强力量，那么每组训练之间休息的时间就应相对充分。

对于每次训练来说，恢复所需时间取决于训练强度以及训练总量。训练强度和总量越大，需要休息的时间就越长。对于普通锻炼者来说，24~48小时的恢复时间是一个笼统的建议，对于超级举重运动员来说，需要休息96小时乃至一整周才能从剧烈的训练中恢复过来，恢复时间是难以确定的。然而可以根据某些症状来确定是否需要进行休息调整，如身体恢复过程不顺利，感觉很像病人的康复，尤其是肌肉乏力、紧张、浑身不舒服、心率加快、气短以及无法集中注意力和发挥正常功能等。换句话来说，如果训练质量不断下降，就表明身体就没有进行充分恢复。

第2章

健身房用语及行为规范

毫无疑问，大家第一次去健身房时可能会有点手足无措。即便健身房的常客们，如果接触到新鲜事物时也会有类似不舒服的感觉。你很可能会问，我该穿什么？我应该去哪儿？还可能会想，那里的人会不会盯着自己看，认为自己在那里格格不入。很可能你会感觉自己像一个学校的新生，别担心。刚去健身房的人都曾有过这样的经历。其实，大多数人一般认真专注自己的训练，不会注意到你的存在。盯着你看的一般有两类人，一类是教练，他们把你视作潜在的顾客，想吸引你去上他们的课；另一类是无所事事的人，你根本不必在意。在健身房开始力量训练是一件让人胆战心惊的事情，这也是人们不愿意锻炼的重要原因。本章将介绍一些基础知识，帮助大家解决穿什么、说什么与怎么做等方面的问题，以便别人不能轻易地认出你是一个新手。

学习健身房用语也有助于提升自我舒适感，并有助于你与他人进行顺畅交流。举重运动员所使用的术语，大多数来源于人们在健身房中体会到的愤怒、沮丧、快乐以及成功等。有些词汇已经成为训练的基本用语。许多术语用来描述特定的技巧或战略。其他则只是举重运动员们用来描述他们举重时的感受。学习这类术语存在一些困难，因为每天都有新词加入，名称出现变化，各地用语也存在差异。但是不管大家怎么表达，只要理解它的本质内容，无论在当地健身房还是旅行在外，大家都能顺利交流。

着装与装备

力量训练的一大好处是不用像某些运动那样购置专门的装备。只要遵循以下做法即可：选择宽松舒适的衣服，方便运动，各关节能在移动范围内充分运动，整体舒适度较好。一双好鞋能吸收腿部训练和站立练习时脚踝、膝关节和下腰部位承受的压力。如果佩戴珠宝首饰，要确保避免卷入器械移动的零部件中，最好不要佩戴任何首饰，尤其是戒指，可能夹住手指，磨出水泡。

一副合适的手套可避免手上起茧子，手套在力量训练没有其他功能，但不戴手套，双手在器械刻槽表面的摩擦下将变得粗糙起来，是否佩戴手套取决于个人的喜好。

不要使用护腕带、护膝带以及腰带。这些护具不利于加强手腕、膝关节和躯干的稳定性。为薄弱关节区域提供额外支撑，不利于这些部位力量的加强，使用这些工具不会带来好处。但是，在有伤的情况下，可以穿戴此类支撑工具。对于初学者，一开始训练可能导致手腕和膝关节酸痛，此时，应该重点加强这些关节的稳定性，让其经受更多压力。

令人意想不到的是，腰带实际上充当了阻碍物的角色。腰带承受腹肌（而不是背部肌肉）的挤压，使躯干内的压力增加，从而迫使下腰提高稳定功能。使用腰带是腹肌薄弱的主要原因，使用腰带的时间越长，增强背部肌肉和腹肌所需的时间也越长。建议在大负重举重时使用腰带，确保获得足够支持，但使用轻、中量级负重进行常规训练时，不必使用腰带。

本章接下来的内容将介绍健身房文化的其他特色。不要忘记，在第一次举起杠铃前，必须让身体做好准备。在第4章中将介绍热身、放松和拉伸，这3个因素对于设计训练计划至关重要。

健身房礼仪

了解健身房那些不成文的规矩会帮助你懂得该做什么，不该做什么，并让你深受健身房工作人员以及其他会员的喜爱。此外，这些基础知识会帮助你减少与他人的摩擦，使你在训练时感到更舒畅。以下规则将帮助你在健身房中如鱼得水，使你变得好像已经进行了多年的力量训练。

- 别人正在进行练习时，不要从他的前面走过。不论你是多想这样做，也绝对不要这样做。这样做会对正在练习的人造成很大的干扰。你可以从他的后方走过或者等他完成这组训练再过去。对方也许站在杠铃片架的正前方，他本不应该站在那里，但是作为一名文明的健身房顾客，你应该耐心等待。
- 保持足够的空间。健身房里不止你一个人。如果站在哑铃架的前方，应该退后一些，或到架子侧面进行练习，方便别人能取放哑铃，不要霸占某个地方。给别人更多的练习空间，一方面是出于安全考虑，另一方面能提高舒适度。

- 三思而后行，必须先思考，再行动。要记住，安全是第一位的。在你拾起杠铃开始练习之前，先看看四周的情况，几乎所有健身房里发生的事故，都是因为练习者没有注意周围的情况而造成的。

- 清理设备。每个人身上都带有细菌，练习时也会大量排汗，要尽自己的一份力，保持卧推凳的干净。大多数健身房都会提供毛巾和清洁工具，如果没有配备这些设施，你自己要带一条毛巾。

- 与他人分享，并注意礼貌。健身房里最常听到的一句话就是"我能用一下吗？"。如果相邻两组训练之间有人想使用你的训练设备，尤其是在器材不够的健身房中会存在这种情况。此时，你需要中断练习，让给他人进行训练，这是一个比较妥当的做法。

- 注意但不要凝视。有人在卧推凳上扭曲挣扎时，我们习惯于围观，但不要好奇，要么帮忙，要么走开。的确，有些练习者会做出一些奇怪的举动，有些是对的，有些是错误的，无论如何记住一点，不要站在旁边看热闹。

- 使用后，将杠铃片放回架子上。如果人人都这样做，健身房就会显得整洁，你也不用花10分钟时间去寻找一个5磅的杠铃片，把健身房当作你自己的家一样对待，用完器械后收拾一下，方便下一个人使用。如果你举的重量超级重，那么用完后应该花些时间卸载机器。

力量训练基本用语

要提高训练效率，必须理解力量训练的基本用语，力量训练和其他活动一样，基本术语可以帮助大家更好地制订训练计划，更快地实现训练目标。

次数和组数

一次练习指的是进行一次双向运动，这是训练和提高的基础。单次重复运动包括两个阶段，首先是肌肉拉长的离心收缩阶段，大多数情况下属于运动的被动部分，其次是肌肉缩短的向心收缩阶段，属于运动中的主动部分。如使用哑铃训练肱二头肌的简单臂弯举练习，将哑铃从腰部位置向肩部位置上举是向心动作，而再将哑铃放下还原是离心动作。

练习过程中不休息连续进行运动直到停止运动被称为一组练习。一组练习时间可能很长，期间可以有一个暂停，暂停时间可能只有几秒钟，用来喘口气，有助于练习次数的增多。最终放下负重才是整组训练的结束，一旦休息开始表明该组训练已经结束了。关于次和组的书面标记方法为：组 × 次，例如，3 × 10即为3组，每组10次。

开始锻炼前必须了解每次重复练习的方式会影响肌肉的发展方向，最重要的事情是要确保每次动作技术的正确性。要想取得成功，必须完美地完成每次动作，养成良好的锻炼习惯，降低受伤风险，提高训练质量。这是一个最基本的理念。如果不注意，将会带来一系列的麻烦。相反，一旦掌握了动作技术，通过训练重量或频率的调整，就能比较容易地达到训练目标，认识这一点非常重要。

负重和阻力

负重和阻力是科学术语，用以描述身体必须克服的外力。重量一词一直被用来统称各种阻力，但常常引起困惑，由于训练过程中制造阻力的方法众多，因此用抗阻力训练一词比力量训练更准确。使用举重训练明显存在一些疑问，因为并不是所有的练习都需要用举的形式完成，有些是推，有些是拉。在后续的几个章节中，将介绍施加外部负荷的多种方法，在常规训练计划中，除了使用杠铃、哑铃等花样繁多的阻力机器，还使用药球、阻力绳及自重作为外部负荷。

休息

休息是有效训练中一个非常重要的概念，通过适当的间歇恢复，确保下一组练习的顺利进行与训练效果的提高。第15章中将进一步探讨休息恢复的重要性，首先要知道何时必须休息，以监测训练强度是否合适，如果进行3 × 12的训练，中间不需休息，那么说明运动量还不够大，两组之间的间歇对于下一组至关重要，通过间歇时间的调整，能彻底改进训练效果。

训练总量

在力量训练中，训练量是一个非常重要的概念，就是每组、每个练习以及每次锻炼的总量。训练总量可以计算，能清楚了解真正举起的重量。一般男性在一次训练中可以举起的重量相当于家里所有家具的重量，这并非司空见惯。可以利用以下等式计算训练量：

$$重量 \times 次数 \times 组数 = 训练总量$$

计算方法很简单，只要将单次举起的重量乘以每组次数再乘以组数即可得出训练总量。例如，某人选用100磅（约45千克）的杠铃进行卧推练习，进行3组，每组10次，则举起的总重量为：$100 \times 10 \times 3 = 3000$磅（约1350千克）。训练总量是一个相对信息，教练使用总量来制订训练计划，可以帮助运动员赛前逐步减量来促进身体恢复。但是，对于一般人来说，训练总量意味着某个训练期内总的训练量，这是一个很酷的数字。总量真正取决于个人、训练类型以及休息时间，训练总量一开始使用起来是比较困难的。总体来说，对于某个特定的训练计划，总量越大，见效越快，但前提是身体能够进行有效恢复，如果身体无法恢复，训练总量可能就过高了。

力量训练术语

对于初学者而言，在走进健身房或健身场所之前，应该熟悉一些常用术语，咄咄逼人的销售人员或教练在进行推销时会使用一些术语，这些术语会让你感觉错过了人生的整个成长阶段，了解自己的锻炼只成功了一半，理解一些常用训练术语将帮你理解别人的语言，让你在锻炼时感觉更舒适，当然也能保住面子，免得自己看上去就像从来没有进过健身房。

- 外展：指的是肢体远离身体中线向外移动。例如，手臂放下位于身体的一侧，向外举起使手臂与肩同高，与腋下呈90度角，此时手臂就处于外展状态。

- 内收：指的是肢体向身体中线方向移动。例如，手臂与肩同高，与腋下呈90度角时，处于外展姿势，将手臂放下，向身体中心线移动，这个动作就是内收。

- 其他阻力工具：指的是一切有别于器械和自由重量的、非常规的外部阻力形式，例如特制的绳子、药球、稳定球以及其他器械等。

- 针对性练习：常指针对某个关节、某个维度、某个方向进行的练习，用以专门训练某块特定肌肉的功能。最常见的有肱二头肌、肱三头肌、腘绳肌和股四头肌的针对性训练。

- 伸展：指增加关节角度的练习。例如，坐姿向前伸直腿就是膝关节的伸展运动。

- 收缩：与伸展相对，这个词让人感到困惑，收缩用来描述肌肉的缩短状态，如肱二头肌收缩。收缩一词在解剖学和健身房术语之间存在细微差异，从解剖学的角度来说，收缩指的是减小关节角度的动作。而健身领域，收缩指的是肌肉收缩，与关节角度没有固定关系。

- 团队训练：指多人参与的运动训练，传统有氧教学模式已经被淘汰了，今天的教学课程使用各种工具，包括绳子、各种球、哑铃和健身脚踏车等，标准的一对一训练模式已经发展成了小组训练模式，类似高中和大学的体育课教学，既能减少练习的开支，又能增加教练的收入。

- 自由重量：是一种总称，指代一切非机器的重量。哑铃、杠铃和杠铃片等都是自由重量。一般来说，可以增加杠铃片来提高阻力总量，但是有些机器也能增加额外重量，不要被器械名称所迷惑。对于价格来说，虽然各体育用品商店都有便宜的杠铃片和杠铃杆出售，但是，奥运会和高水平运动员使用的有橡胶包裹的特制杠铃片很贵，每磅超过5美元，杠铃杆每根售价可能超过1200美元。

- 单侧训练（Isolateral）：是描述单臂或单腿一侧单独运动的时髦用语。Iso是单独孤立的意思，lateral指的是肢体一侧。

- 锁定：指在肢体关节充分伸展的情况下完成整个动作。虽然有人反对锁定，但是对于能缓慢锁定关节的动作技术，能增加肢体环节移动范围，增加肌肉长度，改变肌肉外形。建议在练习关节锁定动作时不要用力过猛，应该缓慢进行。

- 训练器械：指通过预置或外加负重，按照固定轨迹，便于控制和保持稳定的练习装置。按照固定路径移动的训练器械可以提供更大的稳定性，更适合于特定肌肉的训练。有些公司认为固定轨迹过于僵硬，所以制造出了具有多个移动路径的器械，便于其他肌肉参与，来增加训练的灵活性，这种多轨迹器械试图模仿自由重量，有些效果很好，有些则不然，这样的运动器械更笨重，更难以操控。单块肌肉训练和多块肌肉组合训练各有优势，训练计划应该兼用固定器械与可调节器械，滑轮绳索器械移动范围较大，练习者可以使用同一器械进行不同的练习，然而，绳索器械必须具备更好的技巧和控制力，建议初学者应该使用以固定轨迹为主的训练器材。

- **多关节组合练习**：涉及多个关节，与单关节练习相比，多关节组合练习更接近体育动作和现实生活动作。例如，训练背阔肌的下拉练习，还可以训练肘关节肌肉与肩关节肌肉。如果时间有限，就不适合进行单关节练习，而应采用多关节组合练习。

- **私人教练、场地经理、大众健身主管、工勤人员**：这是对健身房员工的时髦称谓。私人教练应该持有资格证书或接受过相关高等教育。需要寻求帮助或锻炼服务时，真正的私人教练可以提供很多信息，然而在选择大型连锁健身房时要留心，这些健身房一般收取各种服务费用，在配备高端设备的高档场所更是如此。许多健身房的工作人员是纯粹的一线销售员，会想方设法地向你销售各种服务，虽然并不是所有健身房都是这样，但一定要保持警惕，加强防范意识，认清你自己的处境。建议选择一家感觉相对舒服的训练中心作为锻炼场所。

- **杠铃片装载架**：要求自己加载重量，通常机器上有一个装载杠铃片装置，通过选择杠铃片的重量与数量来调整合适的训练重量。

- **单关节练习**：重点训练单个关节的肌肉，典型案例是哑铃臂弯举练习，只涉及肘关节的肌肉，这些练习最适合训练成长难度较大的肌肉，对单块肌肉进行针对性的训练。

- **21s**：用以增加常规训练的多样性，数字代表重复次数，先完成7次分解动作，再做7次分解动作，最后做7次完整动作，这种方法一般用于臂弯举练习中。其实，其他身体部位同样可以采用这种方法。

- **可调节插销配重训练器**：属于常见训练器械，带有预制配重片架，通过插销插入相应配重片，可以随意选择负重重量。有了插销，重量太轻或太重的话，就可轻易进行调节。

健身行话

一旦成为健身房里的常客，可能会听到很多行内语言，听起来好像与训练有关，但如果不熟悉力量训练，可能就不明白它们的准确含义。欢迎大家学习健身行话，最先使用这套语言的主要是肌肉发达的巨型健美运动员及举重运动员，但现在这些已经成为大多数健身房中的常用语。与其他术语一样，开始学起来很别扭，但是很多术语非常形象，因为科学研究远远滞后于力量训练实践，过去人们创造健身房新词时并没有进行过多的思考，不准确之处在所难免。下面介绍一些相关词汇，这些词汇可帮你充分了解健身房里可能听到的行话。如果非常清楚健身行话，就能轻而易举地面对一个体重135千克、身高195厘米的大块头。如要他腾地方或客气地请他将使用过的重量放回架子，然后，继续训练自己还不够健硕的肢体，打造巅峰的身体状态。

- 阿诺德。他创建了肌肉训练艺术，并让其流行。他凭借一己之力成为肌肉训练界唯一不必说出姓氏的名人。他的姓拼写确实也比较困难。如果你还不确定他到底是谁，提到州长施瓦辛格你就可能熟悉他的身份了。

- 大炮，又称为枪、翅膀、霹雳炮和千斤顶，指代上臂。一般，臂围越大，枪就越大。翅膀指的是手臂，像鸟儿的翅膀。同样，千斤顶一词的来源也不是很明确，它的出现可能是因为人们使用千斤顶来抬起物体，同时人体也是使用手臂来举起物体的。健身行话可能让人费解，有时甚至缺乏理性，但是久而久之最终还是会使用这些词汇，概莫能外。

- 训练动作作弊。指完成某个动作时，虽然没有训练助理的帮忙，但是却使用了其他肌肉的辅助，通常作弊形式为使用弹力或借势挺过难点等，这样做不仅不光彩，而且对于练习者以及他身边的人都是一个很大的安全隐患，注意我说的是单人旁的他，女性极少在完成训练动作时作弊，她们更关注动作的准确性。

- 干掉它。是一种夸张的表达，你可能会听到一名训练搭档、教练或助理教练大声吼道"干掉它！"，用来激励某人更加卖力地举重。"它"指代努力完成的一组或一次练习，而不是重物本身，打碎重物本身是几乎不可能完成的。

- 斧削。指肌肉犹如经过雕刻，线条清晰，犹如刀削一样，体脂百分比极低。有些人节食技巧高超，将体脂减到最低，让肌肉凸显，这样的运动员可谓凤毛麟角。在健美界，如果真想获得"经过雕刻"这样的夸赞，体脂率必须低于6%。事实上，由于达到这个水平非常困难，当然也不建议大家以此为目标，我们还会使用类似"cut like glass"等词语来表达较低的体脂比，意思为难以完成的活非常精确的事情。人们认为脂肪率足够低的人，皮肤如纸一样薄，所以他们身体中的静脉几乎都能看到，实际上，出现这种情况是因为皮下脂肪含量极度降低的缘故。

- 切纹、线条和硬度。用来表示体脂较低的含义，指单块肌肉的特点和外形，如身体某个部位肌肉线条不错或非常结实，但是脂肪量还不够低，或达不到超级低脂的水平，就可以用这些词汇来描绘。

- 救命。在健身房里可能很少听到，因为它表示可能遇到麻烦了。如果在举重时被杠子压住不能动弹，呼救声会格外刺耳。这个词也用来描述强行训练，一般指借用训练助手的外力来完成的练习，记住强行训练是一种训练方法，能在一组训练中多增加几次练习，它也是一种保护的形式，让训练助手给予外力帮助，借以完成一组训练，这是好事，但是要动用一群人或一辆铲车来将一整堆重物从你身上移开，这就不好了。

- 全靠你了。明确告诉你的训练搭档，要靠自己的力量来举起所有的重量，而你只有在真正有必要时才会出手相助，虽然有时这样说非常具有激励效果，但是往往也会造成训练助手的前臂和斜方肌更加强壮，因为他们帮忙的次数过多，结果变成了"全靠他了"！保护的目的是帮助举重者继续进行练习，而不是让训练助手进行训练，我们经常看见，健身房里很多人尝试举起非常大的重量，同时他们的搭档也在忙前忙后，如果出现这种情况，说明你举得太重了，换句话说，如果训练搭档产生拉力的肌肉成长的速度比你上推肌肉还要快，那么你就要减少负重了。

- 爆破大师。是健身杂志开拓者兼传奇人物乔·韦德的别称，他开始写作和训练时，大多数读者甚至还没有出生，这个词也常用在其他人身上，以此来说明他们是某个领域的杰出人才。

- 巅峰。通常指代肱二头肌充分弯曲后从衬衫里鼓出来，类似于山峰的样子。可以用该词来描述其他肌肉或训练状态，指训练已经达到你所能承受的最大重量或付出的最大努力。

- Pin。也可以说轮子、杆子或狗，用来形容双腿。Pins可以很大，就如同说双腿像保龄球瓶，底部更粗。也可以形容很细，就像我们说某个东西就像别针那么细。这个词可能使你感到困惑，就像那些最先使用这些词汇的人一样。轮子被用来描绘双腿，因为双腿总体来说相当于汽车的轮子，使你实现一定功能，这个词也常用来描绘训练的日子，例如"今天是我训练双腿的日子"。如果双腿相对于身体的其他部位较小，可以说它们是牙签、筷子、杆子、别针或任何细小的东西。而如果双腿很粗大，可以用Quadzilla来形容。如果人们在一句话中使用狗一词，指代进行大强度的蹬腿练习，可以说"我的狗在叫"。

- 充血。指的是训练使肌肉血流增加，肌肉鼓起来了的状态。如果体脂足够低，静脉可能凸显，该词通常用来描述自己完成了非常充分的训练。男人均希望获得充分的训练，这是显而易见的。女性如果希望穿无袖上衣或裙子时她们的手臂和腿看起来很有型，那么她们也会希望获得充分的训练。

- 挤压和弯曲。是用来描述让肌肉产生最大张力，迫使肌肉尽可能地鼓起来。健美运动员挤压至完全弯曲的位置，以此增加感觉，获得更好的训练效果。

- 难点。是指练习中关节的角度，处于此角度时肢体的杠杆效率最低，该点一般位于上举动作的中间位置，但是受很多不同因素影响，该点可能发生变化。受身体生理结构以及生物力学因素的影响，人体移动中始终存在难点。重量足够轻时，注意不到难点的存在，但是随着重量的增加，这个点就会变得明显，你会想方设法来克服。

- 弧线。指大腿外侧较大的圆弧，可使臀部至膝关节的线条更圆滑。你可能希望腿部线条更清晰，使腿在不弯曲的情况下，看起来瘦而饱满。

- 尖锥型和V型。描绘的是上体的形状，从肩部到腰部逐渐变窄。如果你有腰部赘肉，你不太可能有这样的身型。人们通常使用尖锥型或V型来描述男性的躯干，也形似沙漏的上半部分，我们常常使用沙漏下半部来描述女性的身材。

- 洗衣板6块。具体是指腹部区域，能够看到身体前侧的每一块腹肌。腹肌又称为腹直肌，一共有8块，但是由于大多数人永远也无法将体脂减到足够低，所以6块的说法广为人知，而8块一词则尚未得到普及。

第**3**章

阻力训练类型

阻力训练采用什么样的练习是一个让人头疼的问题。第5章至第14章将介绍身体各个部位最常见的练习，第15章将介绍如何制订适合个人的训练计划，列出重点训练部位、目标肌肉与动作模式。这些训练形式可能比较简单，而选择阻力训练方法则成了训练难点。由于同一个部位的阻力练习有很多种方法，关键是选择适合本人的方法。第1章介绍的个体差异性原则表明，没有两个人的情况是完全相同的。每个人总有些练习做起来感觉更好，效果更佳，同样，某个练习做起来可能不舒服。但是完成训练的方式如此众多，总有一个会适合你。

训练理念和练习方法多种多样，通过学习各种不同的阻力训练方法，在制订训练计划时会有更多的选择。可以通过使用多种形式的阻力来完成某个特定的练习，设计多种方案，其中应该有一些练习适合你。此外，如果将第1章中介绍的训练原则和练习组合方法结合起来，就能达到理想的目标，打造完美体型。不论在家里、办公室还是健身房里训练，肯定会有一个方案能够帮助你实现目标。本章将带领你熟悉健身房，并选择合适的练习类型。

健身工具

每项体育运动都有其必备工具。力量训练有一套专门的工具，任何一项技艺，工具越多、越全，可选择的方案也就越多（见表3.1）。但是，在把工具箱塞满之前，尤其是初学者，先要了解自己真正需要什么，这才是明智之举。不幸的是，设备制造商生产出了很多华而不实的装置，宣称可以满足大家的各种训练需求，结果大部分设备都成了挂衣架或一直摆在床底。所幸的是，只需要你的身体、阻力绳、哑铃或外加一张健身卡就可以进行健身训练。

表3.1 　　　　　　　　　　　　阻力类型对比

阻力类型	优点	缺点
杠铃自由重量	利于发展平衡 利于核心训练 挑战难度较大	需要搭档帮助 掌握技能较难 单关节训练不利
哑铃自由重量	适合康复训练 利于单关节练习 利于灵活移动 利于动作模拟	需要一定技能 难以平衡重量 难以均衡移动 容易偏离重点
单侧训练器	平衡对侧肢体 利于康复训练 利于针对训练 利于单关节训练	训练效率较低 局部负荷较大 动作难以控制
双边训练器	利于康复训练 利于针对训练 利于单关节练习	核心训练不利 挑战难度不足
绳索滑轮训练器	利于康复训练 利于移动灵活 利于模拟动作 利于单关节训练	需要稳定能力 需要技术技能 需要核心力量
等动训练器	动作速度可控 全程最大张力	器材成本昂贵 使用效率较低
身体自重	力量曲线规则 施加阻力自然 利于耐力训练	阻力调整受限 阻力可能不够 练习难度较低
人工阻力	力量曲线规则 训练阻力可控 利于优化训练	要求搭档配合 要求施阻技巧 难以精确监测 阻力无法精确
阻力绳带	利于康复训练 便于多维移动 利于模拟动作 利于爆发力训练 利于单关节练习 利于力量测量	阻力可能不够 力量曲线变化 阻力无法精确
药球	利于训练多样 利于灵活移动 利于核心训练 利于爆发力训练	阻力可控较差 力量测量不利 单关节训练不利

阻力类型	优点	缺点
壶铃	利于康复训练 利于单独练习 利于多向移动 利于模拟动作	对技能要求高 难以平衡重量 难以均衡移动 容易偏离重点

由于可供选择的器材太多，每次去健身房常常难以决定做什么，但是抉择过程本身可以让训练变得更为有趣和有效。器械选择是比较重要的，在一定程度上取决于健身房或经济状况，但最重要的是训练方法的选择，而不是使用什么器材进行训练。虽然功能强大的跑步机、固定脚踏车以及超级干净的储柜可让健身经历更加美好，但是对训练效果起不到多大的促进作用，最重要的还是要选择符合自身训练计划的训练手段。事实上，最强的工具是人的大脑。如果知道自己为何选择某种练习，训练动作规范，并且对训练内容有信心，那么一定会取得良好的效果。这意味着，虽然自家健身房可能器械有限，或所在的健身俱乐部训练器械不计其数，但是都必须选择适合自身特点的训练器械。如果没有可利用的，那么自己可以制作。总而言之，只要有一把简单的锤子就能钉钉子，还要那么多不同款式的工具干什么？

自由重量

自由重量包括长柄杠铃（见图3.1）和哑铃（相当于短柄杠铃，一般用于单手练习）。杠铃和哑铃皆有固定重量和可调节重量。健身房一般有多种杠铃，包括弧杆杠铃（中间弯曲，以便选用不同的握姿）。而圈杆杠铃是为了进行地面至腰部的提拉练习而特制的。圈杆杠铃中心与上拉路径重合，而不是位于身体前方，其中间呈菱形，练习者站在其中，以便自然抓握，便于杠铃垂直移动。还有一些特殊形状的杠铃，安装在滑轮训练器的末端，方便使用不同的握姿。标准的健身杠铃杆重45磅（约20千克），较短的杠铃杆一般重20磅（约9千克）。

一般来说，杠铃杆上带有刻槽，是有纹理的而非光滑的，利于握紧杠铃。大多数奥运比赛杠铃，其杆上有两处刻槽较深，位于杆的中间部位，相距约32英寸，约81厘米，这些标志有助于调整握距。双手放在何处取决于锻炼目标，但总的来说，握距应比胸部稍宽，一般让小指刚触碰刻槽较深的部位即可。

图3.1 杠铃种类

标准非奥林匹克风格的自由杠铃，加载杠铃片的两端直径为1.125英寸，约3厘米，奥运会所用的自由杠铃末端较大，带有套筒，直径为2英寸，约5厘米，用以加载杠铃片，套筒在于举起杠铃进行弧形运动时杠铃片可以进行旋转，从而减轻手腕承受的压力。自由杠铃在加载杠铃片后必须使用卡头进行固定，以确保练习过程中当身体出现轻微失衡且杠铃片不至于滑落。1.125英寸的卡头已经成为器材标准，但是奥运杠铃卡头款式多样。健身房中最常见的杠铃是简单且质量较轻的夹式卡头杠铃，通过卡头夹将两端挤压在一起，以此固定杠杆的末端（见图3.2）。竞赛杠铃的卡头很重，每个卡头自重5磅，约2.5千克，能固定较重的杠铃片。不论什么款式的杠铃，卡头是必备的，健身房里发生的许多事故，都是因为杠铃片从杠铃杆的一侧滑落所致。标准的奥林匹克杠铃片重量范围在0.5千克至45千克之内。在国际竞赛和奥林匹克举重项目中，杠铃片的计量单位是千克，重量范围是0.5千克至25千克。杠铃片的形状多样，有些有手柄，有的带有橡胶涂层或特定颜色。

与可调节重量的杠铃不同，固定杠铃可锁定，杠铃片无法旋转，也不需卡头，通常重量范围从5千克至70千克不等。固定哑铃也有各种形状，重量从0.5千克至90千克不等。

固定和可调节的卧推凳和杠铃架与自由重量一起使用，能提高安全性，增加练习的多样性。固定卧推凳和可调节多功能卧推凳一样，是大多数健身房的标配，后者可以进行搬移。大多数卧推凳高度40~45厘米不等，适合大多数人，但是对于身高较矮或较高的练习者来说，有些卧推凳高度在使用过程中可能带来不适。如果感觉不舒服，很可能就无法从练习中受益。这里提供两个选择，要么找到一个合适的方法，要么选择其他不同的练习。个子较矮的人可以将厚杠铃片垫在脚下，增加高度，不幸的是，个子较高的人只能变换练习。

图3.2 杠铃夹式卡头

配备起蹲架，就构成了完整的自由重量设备。起蹲架的设计是为了进行下蹲以及其他高负重拉举动作。起蹲架内置辅助装置和截阻保险，配备可调节推举凳，就能进行许多其他推举动作。

自由重量的优势在于，难度较大，能发展身体平衡能力和协调性，是进行整体力量训练的最佳选择之一。自由重量练习种类多样，可以增加身体移动范围。哑铃单臂训练，可以发展平衡技能。自由重量练习的不足在于，有些练习需要他人保护和帮助。对于初学者来说，需要具备较好的平衡能力，只有掌握一定的方法技术，才能正确地进行练习。

力量训练器械

近年来，全球力量训练器械制造商的数量呈爆炸式增长，他们开始发明各种各样的器械。这些机器与20世纪60年代晚期至70年代早期开发出来的那些直线移动器械有着很大不同。虽然老式器械效果不错，但是它们在功能和适合人群等方面的适应性不足。这意味着并非人人都可以在健身中使用这些器械。现在训练器械繁多，使我们似乎找不出反对使用器械训练的理由。

因为训练器械安全，简单易学，一个教练员可以兼顾多个练习者，所以训练器械在健身房俱乐部很受欢迎。训练器械遵循特定的移动轨迹，总的设计目的是为了有助于体姿、技巧和稳定能力。大多数训练器械是针对人体双边移动而设计的，双边移动指的是两只手臂或两条腿同时进行移动的练习。大多数的训练器械是装载杠铃片或配重片，加载杠铃片的器械和自由杠铃相同，而装载配重片的器械内置一整套重量。一般来说，加载杠铃片的器械与大多数加载配重片的机器相比，加载重量变化灵活，可以加载很小负荷，也可以加载超大的负荷，二者阻力方式相似。

有些器械使用滑轮、凸轮以及各种绳索，有些器械提供转动或旋转的抗阻负荷，有的器械有固定的拉力轨迹，利于对特定肌肉进行针对性训练，适合单独肌肉群训练。现在很多器械带有绳索系统，移动范围自由，有些器械要求使用者站立，利于激活身体核心肌群。单侧训练器械使用独立的单肢训练系统，模拟哑铃动作，使用者每次只锻炼一条腿或一只手臂。固定移动轨迹器械的优点是不需要训练辅助人员。站立滑轮器械可进行独立运动，移动范围更加自由。

在临床康复机构中，你会发现各种专业器械，设计目的是为了测量和控制速度、力量、平衡以及其他物理特性。等动练习器就是典型案例，它能控制移动速度，在整个移动轨迹中实现最大功率输出，专门用于研究测试和薄弱部位力量的发展。虽然这些器械针对肌肉的功能提供了较为准确的训练方法，但是其价格高昂并且操作复杂。因此，在健身房中这些器械并不多见。

一种较为流行的杠铃片装置是史密斯架。从本质上说，史密斯架类似于起蹲架，不同之处在于杠铃是固定在器械框架中的，全重量的杠铃垂直移动，这种特殊器械能让练习者进行难度更大的自由重量练习，例如下蹲和弓步（见第11、12章），同时能提供固定的移动轨迹，改善平衡性，控制重量。史密斯架自问世以来，出现了多个款式，提高了灵活性，利于完成多种类型的练习，它的优点是训练方式类似自由杠铃，同时兼有一般器械的安全性和操控性。

身体自重和人工阻力

很久以前，人们就认识到引体向上、仰卧起坐和俯卧撑这类通过克服自身重量的练习可以提升力量，军队经常使用此类练习。很可能是因为发明了非常酷的举重器械，我们已经忘记了通过自身体重提供阻力，从而进行艰苦训练的事情了。

如果只能完成几个俯卧撑，那么，俯卧撑练习就可以作为有用的上体训练。如果一个俯卧撑都完不成，那么运用膝盖着地的简易版俯卧撑比较合适，通过练习最终可以进行常规的俯卧撑练习。如果在家训练，自身体重，外加一个哑铃和一段阻力绳，就能实现所需要的所有阻力，以此能设计一个富有挑战性的训练计划。要制订健身房的训练计划，在完成一组下蹲杠铃练习后，可以增加一组徒手下蹲练习，作为耐力训练的完美补充。

另外，可以利用自身体重和力量为他人提供阻力，这时所做的事情称为人工阻力。两个人如果都知道如何帮助对方，就能组建一个出色的团队。在进行人工阻力训练时，一个人是训练辅助，提供阻力，另一个人则进行练习。训练辅助可以使用自身重量发挥杠杆作用，一方面要提供足够大的阻力让练习具有挑战性，另一方面还要确保顺利完成动作。本质上，人工阻力与保护帮助正好相反，因为推、拉动作所形成的阻力与练习动作方向正相反。在正常练习中，加入人工阻力可以增加难度。人们使用身体自重训练和人工阻力训练已有几十年的历史了，大家不应该忽视此类练习，初学者尤为如此。

其他阻力类型

近年来，阻力训练形式增加了很多，当然包括一大批新器械的使用。新型阻力器械一直在不断涌现，在此无法一一介绍。在决定是否使用某种新型器械时，需要考虑的关键因素是安全性和有效性。如果器械满足这两个标准，同时也有兴趣将其加入你的常规训练中，那么就可以使用。健身房里现在流行的其他形式阻力训练器械包括阻力绳、阻力带、药球和壶铃等。

阻力绳和阻力带

阻力绳价格便宜，用途极为广泛，因此成为家居训练和户外训练的必选器材。总体来说，两端有手柄的阻力绳效果最佳（见图3.3）。

在当地商店里或网上很容易就能买到这种阻力绳，不需要进行任何改造就能进行有效的练习。还可以考虑使用没有手柄的阻力绳，去掉一端或两端的手柄，便于结扎一端，但是抓握的难度加大。

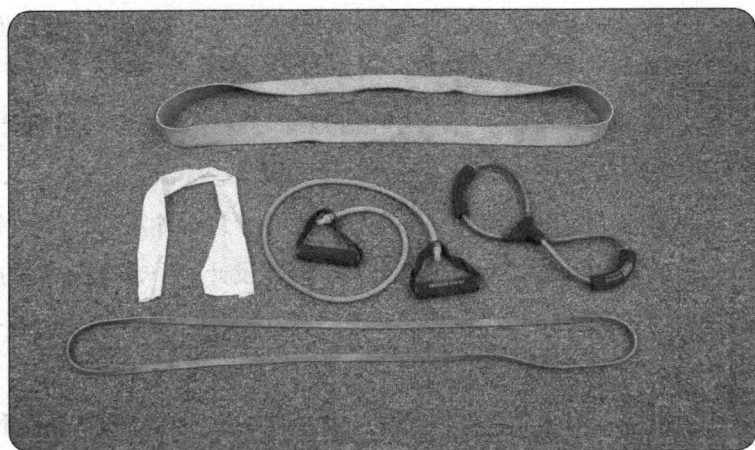

图3.3 阻力绳和阻力带

可以发挥一点创意，将阻力绳系在一根柱子上或扫帚上，就可以模仿健身房中的各种自由重量练习。此外，阻力绳配置各种不同的尺寸和阻力，可以对其修改，进行任何移动，使得人人可用。阻力绳最适合站立移动、核心部位旋转练习、爆发性移动等练习，在全国各个健身房儿乎都能找到它们，这种方法唯一的缺点是难以准确地进行负荷增减，高水平练习者可能觉得阻力不够大。

巨型弹力带既可以用做独立的训练工具，也可以为杠铃常规训练提供额外阻力，同时还能在不同的平面产生阻力，这些较大的阻力带能大幅提高阻力，适合身体强壮的人与希望增加练习难度的人。阻力带在单独使用时，功能类似阻力绳，但是对于固定阻力带，大家必须多发挥一些创意。

药球

使用重物进行训练的历史可以追溯到20世纪初，然而，体育界和健身俱乐部对药球的使用仅是近些年的事。药球制作材料一般是橡胶或皮革，尺寸大小不一（见图3.4），最低重量只有2磅（约1千克），最高达到30磅（约15千克）。药球是大型团体、家庭训练人士以及少年儿童进行训练的重要工具。

总的来说，药球让老一套的常规训练增加了多样性。根据我们在健身计划中使用药球的方法，药球可以发挥多种功效，可以使用药球来提高身体的灵活性，提高拉伸效果，发展肌肉耐力、力量和爆发力。药球作为一种纯粹训练力量的器械，对于大多数人来说，其重量不足以让人完成5~8次重复动作就会出现运动过量，但是对于以速度作为目标的爆发力训练来说，却提供了非常现实的挑战。

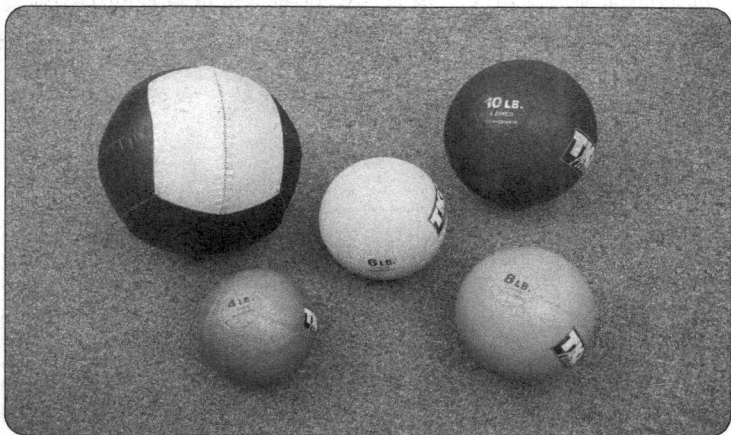

图3.4 药球

虽然爆发力训练一词听起来似乎更多地针对专业运动员，但是对于普通健身者，药球爆发式练习可以提高整体身体状况、协调性、平衡性和控制力。药球的另一个优点是既可以进行单独训练，也可以和搭档一起练习。药球训练需要控制球体，既可以提高核心力量和稳定性，同时还能让枯燥乏味的常规训练增加许多趣味。药球便于携带，使用的地点和采用的姿势均无特定要求，站姿、坐姿以及躺卧皆可。但是药球与阻力绳一样难以准确测量所取得的进步。

壶铃

还有一种极为流行的非常规训练工具，近年来广受关注，那就是壶铃（见图3.5）。它们类似哑铃，但是并非实心，有一个较粗的手柄连接着一个实心球。进行推举和屈臂等常规力量练习时，壶铃使用方法与哑铃相同。

壶铃可用于对爆发力要求更高的练习，例如挺举和抓举。壶铃并非新鲜事物，事实上，它是一种历史较为悠久的训练工具，源自古罗马时期。壶铃兴起于19世纪晚期，后来沉寂了近百年时间，20世纪晚期再度流行起来，现在已经成为一些训练爱好者重要的训练器材。

外形独特的壶铃丰富了传统哑铃练习，壶铃和哑铃的不同之处在于手柄的粗细及其相对负重位置，壶铃增加了抓握和控制的难度，必须先要适应，然后才能选用更大的重量及难度更大的动作练习。由于壶铃的重心不在手柄上，这与哑铃不同，使得控制负重的难度增加。使用相同重量的壶铃和哑铃来训练前臂和肩部肩袖肌群，壶铃的训练强度更大。也有握柄较细、重量较轻的小型壶铃，但是使用这类壶铃就失去了壶铃训练的独特优势。使用壶铃时应该避免壶铃砸到手上，保持壶铃稳稳竖起，不要乱摆，如果不能握紧壶铃，它们经常会砸到手腕造成损伤。

图3.5 各种尺寸的壶铃

单臂运动

一个由哑铃、壶铃或阻力绳组成的训练方案是简单有效的，与负重器材不同，这些方法不受地理位置限制，每个健身房里都有这些训练工具，甚至可以在家进行训练。这些练习方式与杠铃或负重器械相同，但哑铃、壶铃和阻力绳更可以让手臂按照想要的轨迹进行自由运动。这意味着两个问题：首先必须使用有效技巧来确保移动轨迹的合理性；其次要改变手臂姿势，增加移动的舒适性。进行卧推练习时，如果觉得掌心相对的握法更容易，就这样做，掌心不必朝向相同方向。使用非常规方法时，要确保身体稳定，力量训练器械或杠铃能提供这种稳定性。从低负重开始训练，控制好哑铃，然后尝试较难的训练内容。

虽然壶铃再度盛兴，但只是可供选择的一种工具，不要为了更多地使用壶铃而放弃主要练习。壶铃爱好者会试图让你相信壶铃与哑铃存在极大的差异，虽然壶铃的确有一些优点，但是进行大多数练习时壶铃和哑铃之间是可以互换的。壶铃作为一种训练工具，的确丰富了训练内容，但是其重量是固定的，单纯使用壶铃难以实现循序渐进的阻力训练。

技术

使用正确的拉举技术是非常重要的。第5章到第14章会介绍正确完成各种练习的技巧，讨论如何完成每次动作。重复动作必须完美，正确完成每次重复动作，要求在关节整个移动范围内移动负重，受伤时另当别论。关节移动范围指的是该关节在两根骨头或两块肌肉接触之前所能移动的距离。例如，双臂放下，置于身体两侧，肘关节处于充分伸展状态，屈肘隆起肱二头肌时，肘部处于充分收缩的状态，肘关节充分伸展时，手臂无法进一步伸直，肘关节充分弯曲时，肱二头肌与前臂接触。

不论负重移动的速度大小，每次重复动作都要做到完美。这是进入健身房要学习的最重要的内容，绝对不可投机取巧。正如老话说："重在质，而不在量"。每次重复动作投机取巧，或移动范围不到位，都会降低整个肌肉的参与度，同时也会降低肌肉均衡增长的能力。肌肉形状大部分由基因决定，但如何完成每次重复动作都能对其产生部分影响。

一次最佳重复动作，包括持续2秒的向心运动，3~4秒的离心运动。一旦掌握了技巧，就能增加每次重复动作的速度。如果要进行爆发式的推举，重量应该足够轻，以确保正确完成每次重复动作。在进行高级别训练之前，必须掌握基本练习技巧。在阻力训练中，首先要规范动作，然后才能增加重量。用"技术优先"作为座右铭，就能免受伤痛的困扰，同时也能获得最大限度的进步。

抓握

抓握杆、手柄或阻力绳时有多种不同的方法，如图3.6所示，拇指锁式握法是最安全有效的，四指抓杆，拇指反方向包杆，拇指和四指相对锁合。开放式抓握，通常称为假握，拇指和手腕在同侧，不用力紧握，只是将杆置于手上，可以降低前臂所承受的压力，但会大幅增加杠铃或哑铃从手中滑落的危险。此外，假握会造成手腕酸痛，因此还是以拇指锁式握法为最佳。在拉、举过程中，除了握法本身，还要注意手的姿势，掌心朝外是远离身体，外翻手势；掌面朝上是向内对着自己，内翻手势，中立手势是介于二者之间的手势。

在确定手势、双手之间距离以及腿部姿势后，要了解身体结构，提高舒适度。从解剖学的角度来说，改变姿势可能会改变激活肌肉的方法，但是，一般来说，目标肌肉受激活程度仍是最高的。从舒适性来说，应该选择一种最舒适的姿势，在掌握技巧后，再尝试变换姿势。

图3.6　拇指锁式握法

训练辅助

仰卧推举时，最好有人辅助，将杠铃从架上取下来，完成训练后，再辅助把杠铃放回去。辅助者应该站在推举凳的头部，脚下支持牢固，帮助提起杠铃时使用双腿和双臂，当练习者遇到麻烦时，辅助者要有能力将整个负重提起。不建议在身体两侧安排辅助者来帮你拉、举杠铃，除非中间已经站了一人。只有顶级的举重运动员才会需要这种辅助。辅助者的任务是确保安全，并在必要的情况下出手相助，作为一名辅助者，应该能够提供足够的辅助服务，但不必大包大揽，除非举重者要求其他帮助。作为举重者，如果训练之初就需要辅助，而不是在进行最后一两次推举动作时才需要，那么说明推举的重量太重，应该考虑降低负重。

训练理念

如果仅有一个放之四海皆准的办法，那么就没有必要进行持续的研究，因为我们每天只做一模一样的事情就行了。在实践中，要始终秉承探索的精神，要认识到我们还没有发现训练的最佳方法，或者健康生活的最佳方法。在力量训练中，有一些好的科学原则、理论以及一些行之有效的方法可以参照。但是不要忘了，其中还有一些灰色区域没能完全清楚。总之，我们使用这些原则，如同烹饪配方，而不是一套具体的操作指南，其中还有进行诠释和调整的空间，如增加香料成分等。

训练动作和肌肉

人体运动方式多种多样，极少动作仅依赖单个肌肉收缩就能完成，训练计划应该体现人体多维度的运动方式，以及多肌肉的运动形式。那么，我们是要训练动作还是训练肌肉？一派思想认为，制订健身房练习计划，在负重或有阻力的情况下进行训练，以此来模仿某个特定的动作，那么在比赛中这个动作就能表现得更好；另一派思想主张，应该训练肌肉，提高肌肉的力量、爆发力或耐力，然后单独练习体育动作和技能，从而提高技术表现。上述两派思想各有优点，我本人趋向于支持第二种方法。器械训练的运动轨迹固定不变，重点提升肌肉的外形和质量，而自由重量和其他阻力装置支持更为灵活的训练方法，运动器材支持的运动方向或平面越多，对平衡和控制能力的要求就越高，就需要更多肌肉参与来维持身体稳定。

在现实生活中，体育或日常动作几乎无法通过举重的方式加以模拟，人类大部分活动都是针对以往活动做出的反应，以往活动可能是事先感知或完全未知的，我们必须做好准备，应对已知和未知的一切，这就意味着训练应该双管齐下，交替使用固定轨迹与自由重量的各种器械来制订一个完整的训练计划。

单组和多组

训练中应该提倡较为传统的多组训练方法，还是提倡每次练习只做一组的高强度训练法，已经成为力量训练中最具争议的问题。在争议双方还没有发动全面冲突的情况下，研究表明，单组和多组力量训练都能提高青年、老年以及运动员等各类人群的力量和肌肉体积。虽然人们普遍认为，进行多组训练对有训练经验的练习者更有利，而初学者更适合进行单组训练，但是多个科学研究出版物提出，有经验的举重者，进行单组训练也出现了较大的提升，关键因素很可能在于每组训练的完成情况，单组和多组训练都有各自的优势。

多数情况下，训练受时间制约，可能只能选择单组训练。此外，单组训练计划可以比多组训练计划更具多样性，如果进行多组训练，相同的肱二头肌弯举练习可能要进行3~4组，但是选择单组训练，可以完成3~4种不同类型的肱二头肌弯举练习。

赞同多组训练的一个有力论据是，重复训练是取得训练成效的一个关键因素。进行运动训练时，连续训练会取得更好的成绩。同理，进行力量训练时，训练总量越多，提高的幅度就越大。然而，如果单组训练到力竭，尤其是咬着牙多做几次动作，就会出现真正意义上的超量负荷。

如果相信那句老格言：努力不够，结果就欠佳。那么，每一组训练没有耗尽肌肉的力量就不会出现最大的效果。所以，如果训练不够刻苦，训练效果就很差。最符合逻辑的方法就是，将单组和多组训练结合起来，因为有些练习单组训练可能有利，而有的练习则需要多组训练才能产生较好效果。

最大负重和单次练习组

最大力量训练意味着使用的重量很大，每组练习只进行1~3次。最大负重拉、举练习对于了解练习者单次最大负重能力是一个较好的办法，但不是最好的训练方法。此外，每组之间的间歇时间要足够长，最大负重训练总量较低，但需要较长时间才能完成。一般来说，单次最大力量训练只适用于有训练经验的人，可以借此满足自己的好奇心，了解自己最大力量或相对力量的大小。事实上，即使是力量举重运动员，甚至是参加奥运比赛的举重运动员，也很少在最大负荷水平上进行训练，当然，竞赛的情况除外。大多数人适合常规训练，以此增强肌肉力量、体积或耐力。

然而，对于那些希望了解自己进步的人来说，单次最大力量训练既是挑战，又有助于目标激励。只要单次最大力量训练的频率不是太高，动作谨慎，就可以将其作为一种有效的训练检测工具。切记，要实现持续的进步，基础力量训练是最佳的训练方式，要采用不低于5次的多组训练。在进行单次最大负重量检测时，应该安排辅助，或使用器械进行练习，如果选择器械，那么，最大负重量会比使用自由重量高出10%~15%。因为器械控制了移动，降低了稳定控制对身体提出的要求。检测过程如下。

1. 首先，预估自己单次最大负重，然后选择最大负重50%的重量，进行1组10次的练习，休息三分钟。

2. 选择预计最大负重值75%的重量，进行1组5次的练习，休息三分钟。

3. 选择预计最大负重85%~95%的重量，进行1组2次的练习，休息三分钟。

4. 选择预计最大负重95%的重量，进行1组1次的练习，休息三分钟。

5. 后续每组完成一次练习，每次增加5~10磅，相当于2.5~5千克，两组之间休息3~5分钟，直至必须获得帮助才能完成该次练习为止。

没有付出就没有回报

力量训练中存在一个根深蒂固的错误认识，即肌肉酸痛表明有进步。如果训练后第二天没有酸痛感，那么就说明训练强度不够。这种认识的依据是，有效训练会造成肌肉微观撕裂，恢复后肌肉将增加。这种认识过于简单，因为肌肉增长包括一系列非常复杂的细胞生理变化，涉及众多的荷尔蒙、成长因子和营养物质等。至今还没有科学证据表明酸痛现象是衡量训练成功的标准。虽然初次进行训练时，一般身体会出现持续几天的疼痛，但是追求每次训练后身体都要感到疼痛，会很快导致训练过量，并出现各种伤痛，尤其是肌腱炎和关节肿大等损伤。因为训练后，肌腱和韧带的恢复速度低于肌肉的恢复速度。

这类抗阻训练带来的改变主要在神经系统，这是一大缺点，进行单次最大力量训练感觉自己正在变得更强更壮，但实际上单次最大训练降低了总体举重量，而肌肉力量和体积的提高，依靠的是训练总量增加，必须增加练习次数才能实现全面提升。训练基础是力量训练中一个非常重要的因素，如果经常进行单次最大力量训练，那就如同建造屋顶，如果没有下面房体支撑，就难以稳固。最大重量训练技术要求较高，大力量训练鼓励竞争，往往为了举起更大的重量，而忽视锻炼。单次大重量训练适合竞技性运动员，如果打算将举重当作事业，先应请教奥林匹克举重运动员或力量举重运动员，然后再进行单次最大负重练习。

爆发式举重

阻力训练的另一个热议话题是关于每次练习的速度和训练方法。在体育活动中，爆发性运动属于家常便饭，有人认为举重也应该训练爆发力，而有人认为爆发性运动应该留给竞技体育，由此引出两个重要问题：快速举重是否比慢速举重有利于发展爆发力？如果是的，这种爆发力是否能够转移到健身房之外的运动之中？爆发式训练的支持者认为这类训练可以直接提升运动场上的表现，而反对者则认为这类训练具有危险性，不应该使用这类方法。

事实上，这两种方法都有较好的训练效果，这取决于训练目标与训练安排。如果阻力训练的目标是通过肌肉抗阻，促进体积增大，而让其他部位参与协助完成练习，显然降低了针对性练习的价值，在这种情况下，爆发式练习很可能适得其反，而进行健美训练，降低每次重复动作的速度会更有益。但是，这并不意味着爆发式举重没有价值，事实上，建议大家都应该进行爆发式承重练习，不是因为一定会促进其他动作，而是因为能发展肌肉快速收缩能力，这也是实际生活需要的，完成大多数日常动作，耗时都不超过半秒，例如坐姿与站姿的转换。在第15章将介绍每隔几周要变换一下常规训练内容，可以在可控性较高的慢速训练中加入几次快速练习动作。

爆发式阻力训练的安全隐患其实并不像反对者们所说的那样严重。如同所有锻炼一样，正确技术是安全的关键。此外由慢举到快举的转换速度要适中，当能控制移动并能使用正确技术时，就能开始增加练习的速度了。练习速度很快时，注意不要过早锁住关节，应当在移动范围极限位置，充分伸展关节，放慢速度，柔和地锁住关节。

肌肉记忆和混淆

人体能很快适应某项练习。本书介绍各种不同练习，以便于在必要时变换使用。增加练习多样性可以避免厌倦情绪，减少因长期重复相同练习造成训练过度，引发运动损伤。但是要注意的是，有些人对于变化练习走极端，认为肌肉对某个动作过于习惯时，将得不到进一步的练习效果，必须通过经常变化练习，让肌肉不断处于记忆混淆状态。

肌肉确实需要刺激才能记住各种运动，促进肌肉记忆的催化剂是重复刺激，训练变化过于频繁，会让肌肉处于记忆混淆状态，以致一事无成。肌肉训练需要较长时间才能看到成效。训练者应该通过定期练习来刺激肌肉，先让肌肉变得更加强壮，能够控制某个特定动作，然后再改变练习内容。可参见第15章对训练周期的介绍，进一步了解如何从长远来调整训练计划。

平衡

平衡分为两个主要类别：静态平衡和动态平衡。静态平衡，又称为稳定性，用于保持身体某个姿势。例如：体操运动员利用静态平衡完成吊环十字，在双杠或高低杠上完成身体支撑，篮球或曲棍球球员在网前或门前试图保持某个姿势时，都属于静态平衡。要实现静态平衡，需要具备一种能力，用以应对破坏身体平衡的外力，静态平衡要求肌肉在体积不变的情况下具有较大的力量，要求预判能力和充分准备，后者可以从比赛经验中得到培养。

动态平衡是在移动中保持身体平衡的能力，又被称为身体控制能力。跳跃、落地、急转、转弯、加速和减速都需要一定的平衡能力。启动、制动以及改变移动方向等动作，速度非常快，身体控制能力强，完成这些动作要求出色的速度能力与高超的动态平衡能力。动态平衡在预防伤病方面起着重要作用。造成膝关节伤病的原因是，在上体朝着某个方向移动的情况下，而下肢却朝着另一个方向移动，身体失去平衡和控制，导致膝关节承受过度剪切力和扭转力。通过身体控制能力的改善，动态平衡能力提高，有助于运动员纠正可能造成伤病的错误体姿。静态和动态平衡训练都应纳入常规的训练计划之中。

将技能训练和专项平衡训练结合起来，可以提高平衡能力。不论进行了多少平衡训练，如果在体育运动中不了解身体动作方法和姿势，支撑力量不强，那么永远也不会拥有出色的平衡能力。平衡训练往往趋向于关注技能本身，但是也应该重视生活和体育运动中的身体动作。即使所有的训练都在不稳定的支撑面上进行，也不可能满足所有的需求。许多平衡训练倡导者认为，核心部位是动作的中心，这种观点并不完全正确。我们无法从身体的核心部位来开始动作，所有的动作首先都是通过双脚对地面施压，然后地面反作用力通过一系列相连的肌肉系统，也叫动力链，不断向上传递，其中，身体核心部位是主要链条环节。很多大众媒体已将平衡训练等同于身体核心区训练，但是，实际上二者是两个不同的概念。平衡训练往往出现这样的错误，为了增加身体稳定性，从而降低训练负重。然而，正确的方法却恰恰相反，应该在不稳定的状况下，增加练习者的训练负荷。

第**4**章

热身、拉伸和放松

大家可以想象一下没有行李的旅行，除非打算在旅途中购买所需的一切，否则，这可不是明智之举。大多数事情都应该提前做好准备，力量训练也不例外。当然，也完全可以在不做热身运动的条件下直接开始阻力训练，但是如果事先做充分的准备，训练效果会更好。就如同精心装饰和调试汽车一样，拉伸练习可以让身体更好地运动，能提升健康和延长寿命。完成训练后，要想训练产生效果，就必须进行放松练习，较快地帮助身体启动恢复程序，所有这些不起眼的额外工作，都有助于提高训练质量，不应该忽视。本章将介绍如何让身体引擎处于最佳状态，发挥身体正常功能，从每次训练中获得最大效果。

热身

热身是训练前或比赛前重要的组成部分。以往，人们认为热身主要是预防伤病的一种手段，现在人们普遍认为热身的主要目的是提高运动表现，而预防伤病则处于次要地位。热身之所以产生积极的效果，是因为启动了多个生理机制，例如，增加了肌肉的温度，增强了心脏的适应性，提高了预防伤病能力。对于专业运动员来说，热身也是对即将进行比赛过程的心理演练。

体温上升是热身产生的一个主要生理反应。体温上升刺激相关肌肉血管舒张，动脉流量扩大，增加肌肉血流量，提高心脏功能。此外，体温增加加速了神经传递功能，让肌肉为即将进行的运动做好准备。患有高血压或心脏相关疾病的运动者，热身可以降低运动中心脏异常的发生率。热身能降低突然高强度运动带来的冲击，利于心脏缓慢地适应相关训练任务，降低突发性心脏病的风险。研究表明，低强度慢跑本身就能降低心电图异常概率，慢跑能缓慢增加心率，使血液流动正常化。

虽然避免肌肉拉伤等各种伤病可能已经不是热身运动的主要目的，但仍然是其一个潜在的优势。大多数教练认为热身可以有效避免伤病，但缺乏科学依据。很多研究证明热身可以降低肌肉骨骼伤病的发生率，大部分肌肉骨骼伤病是由于力量或灵活性不平衡所造成的，同时，研究人员不可能进行故意致人伤病的研究，所以，我们不可能真正理解热身对于预防伤病的影响。然而，如果缓慢地增加运动负荷，而不是未经预热直接承受较大的训练，运动损伤发生的概率将降低。

对于高水平运动员来说，热身能为正式比赛做好心理准备，许多运动员会自言自语，模仿他们在比赛中的动作，例如，跳水运动员可能会思考她的转体动作，花样滑冰运动员为起跳旋转动作做准备。在任何情况下，缓慢的渐进式热身动作能促进血液循环，让身体为接下来的任务做好准备，同时也能使专业运动员有时间在思想上集中注意力。

无论对于专业运动员还是业余运动员来说，锻炼和比赛前的热身都至关重要。充分的热身能确保身心反应灵敏，使冲刺、跳跃动作加快。热身不仅降低伤病风险，还有助于肌肉快速发力。观看任何赛事，大家将注意到，绝大部分运动员都会进行热身。

静态和动态热身

一般认为，轻松步行或在跑步机上慢跑就能达到热身效果，多数情况下，进行一般性活动，这样做就可以了，但是对于有些人来说必须进行较长时间的热身，包括拉伸等动作。静态热身通常是通过拉伸形式来实现的，拉伸并不能达到理想的热身效果，实际上，拉伸应该在热身结束后进行。静态拉伸指静止、不移动的牵拉活动，一般指保持某个静态拉伸动作。动态拉伸在各体育项目中较为常见，包括跳跃运动、徒手弓步、下蹲以及其他各种积极的拉伸方式。动态拉伸对户外或在家训练是很好的补充，适合多人练习或狭小空间的练习。

表4.1 热身一览表

练习内容	练习次数
跳跃运动	20次
下腰拉伸	躯体悬吊15秒
弓步双臂上举	每条腿5次练习

练习内容	练习次数
股四头肌拉伸	每条腿拉伸15秒
手足爬行	10次
胸肌拉伸	靠墙拉伸15秒
俯撑横向走	左右移动各5次
上背拉伸	拉伸15秒
手臂上举下蹲	10次

热身多组练习

力量训练的热身运动不仅包括提高心率的缓慢运动方式，还包括为肌肉后续抗阻提供准备的活动。可以使用阻力绳或身体自重进行热身活动。如果重量较大，最好进行一些轻度的健美操式运动，例如俯卧撑、徒手下蹲、阻力较小的划船运动等，然后再开始高强度多组训练。如果力量训练负重非常大，建议先使用较轻的负重进行一到两组练习，例如，大重量卧推练习前，建议先进行一组50%重量的热身运动，不要直接使用高负重，否则会对肌肉造成不良冲击。一组简短的热身可以帮助神经系统做好准备，同时也让肌肉事先知道将要面临的情况。

拉伸

在拉伸运动中，肌肉长度会超过静息长度，使静息收紧的肌肉变得松弛。在练习前，充分的拉伸能避免肌肉出现痉挛或强直收紧状态，从而有助于肌肉动员。拉伸还能检测潜在的酸痛或伤病，如果拉伸过程中身体出现剧烈的疼痛，或拉伸范围无法达到正常水平，那么就不要锻炼该肌群。要确保在充分热身或放松后再进行拉伸练习，千万不要在未预热的情况下拉伸肌肉。

不论是否训练该肌肉群，在练习前后都要拉伸所有肌肉，因为努力举起重物时，非直接参与肌肉会收紧，以配合主动肌工作。在运动中，非训练部位肌肉往往出现痉挛，造成身体不适，例如，卧推时腘绳肌可能出现痉挛。

近年来，体育界非常注重拉伸练习。虽然专业运动员的拉伸练习多种多样，但总体上归为三大类，即静态拉伸、动态拉伸和弹震拉伸。静态拉伸，要拉伸至关节的最大移动范围位置，保持拉伸状态，时间为2~60秒不等。动态拉伸，要求缓慢移动至拉伸位置，可以选用被动方法，或选用主动方法，从起始位置移动到最大拉伸位置通常耗时10~20秒，由动态拉伸向爆发性拉伸进行过渡时，应该循序渐进，不能一蹴而就，否则会有伤病的风险。弹震拉伸，利用反弹运动让肢体从起始姿势移动至拉伸姿势，专业运动员和高水平举重运动员一般选用这种方式进行拉伸，初学者在掌握全部拉伸技巧前，应该避免此类拉伸方式，初次尝试弹震拉伸时，必须在监督下进行。

你是双关节吗？

双关节一词指的是某些人某个关节移动范围较大，一个部位不可能有两个关节。如果说双关节，指在没有他人帮助的情况下，相关肌肉和关节拉伸幅度很大，也就是关节过度伸展。

拉伸运动必须考虑的主要肌肉群包括：股四头肌、腘绳肌、腹股肌（内收肌和外展肌）、下腰、肱三头肌、胸肌（胸大肌和胸小肌）；次要部位包括：小腿腓侧肌肉（对于跑步尤为重要）、颈部肌肉、小腿胫侧肌肉、肱二头肌、前臂、背阔肌（上背）、踝关节、腕关节、膝关节和肩关节。最理想的状态是每天都拉伸所有的肌肉，如果时间有限，对主要肌肉进行拉伸即可。确保在训练前后对训练的肌肉进行拉伸。

作为热身的拉伸不需要太长时间，但是必须保证拉伸所有的主要肌肉群。不论静态或动态拉伸，在热身过程中不要超过10分钟。如果拉伸受伤部位，请先咨询医生，盲目拉伸和锻炼受伤部位并非明智之举。

最新研究表明，在进行力量训练前，弹震拉伸比静态拉伸更有益。有些研究推测静态拉伸可能减弱力量，但是，很多研究仍然认为静态拉伸是有益的。在这一点上，尚未提出明确的科学结论，最佳方案就是静态拉伸与动态热身结合运用，这样就能两全其美。长期的静态拉伸帮助大家提高身体灵活性，弹震拉伸加快了对神经系统的动员，促进肌肉更快发力。

静态拉伸

　　要进行静态拉伸，应该缓慢移动至肌肉最大拉伸位置，这时往往会感觉有一点疼痛，坚持10~30秒。有些人认为应该保持拉伸状态不低于60秒，但是，目前还没有证据表明保持拉伸状态的时间越长越好。坚持练习，假以时日，身体灵活性将提高，关节移动范围将增加，通过拉伸运动，肌肉将得到放松。

小腿肌肉拉伸

　　身体前倾靠墙，双腿呈弓步。前腿弓，并将身体重心放于前腿，后脚跟着地，拉伸后腿小腿后群肌肉，同时还可拉伸屈髋肌肉。

股四头肌拉伸

　　拉伸股四头肌可以选择站姿或俯卧。屈膝，同侧手臂在身后反手握住脚背，将脚后跟拉向臀部，如要使股直肌和臀部屈肌得到进一步拉伸，在拉伸过程中将腿向后拉。

腘绳肌和下腰拉伸

躯体坐姿，一条腿弯曲，弯曲腿脚底触碰伸直腿的膝关节部位，形成跨栏压腿姿势，同侧手触碰伸直腿脚类，同时低头，为了增加对小腿肌肉的拉伸，可用力向后拉脚尖。

腹股沟部肌肉拉伸

坐姿，两脚脚底相对，将两脚脚跟向腹股沟方向拉，同时用双肘下压双膝。

臀部屈肌拉伸

　　这是一个难度较大的拉伸动作，左单腿跪地，右腿屈膝，脚底平放，身体向前腿倾斜，保持上体挺直，可稍后仰。双手压膝，上体后抬，可加大拉伸幅度。

胸肌拉伸

　　侧身靠墙站立，也可站在门口或训练器械旁，侧伸手臂，手触墙体、门框或器械，身体前压，通过对手施加压力，拉伸胸大肌。

肱三头肌拉伸

右臂举过头，屈肘，前臂沿背下压，左手抓肘部，向侧后方拉伸，加大拉伸幅度。

三角肌后束和上背拉伸

抬起左臂，与胸同高，伸向身体对侧，右手抓住肘部拉向对侧，加大拉伸幅度。

上背拉伸

面对杆子或器械站立，相距1米，双手抓住杆子或器械，弯腰下压，拉伸上背，这项练习还能拉伸胸肌。

肱二头肌拉伸

右臂体前充分伸展，掌心朝上，左手抓住右手，往后弹拉手指。

动态拉伸

动态拉伸与静态拉伸不同之处在于，动态拉伸不是保持静态拉伸姿势，而是以缓慢可控的方式在起始位置和极限位置之间来回移动，重复5~10次，如弓步行走，在无负重的情况下进行动态拉伸。如果要进行速度快、可控性低的体育运动，选择移动范围较大的动态拉伸是不错的热身运动。

弓步双臂上举

双腿前后分开，前弓后箭，身体下压，前腿与地面平行，双臂举过头，充分伸展。然后，恢复站立姿势，放下双臂。可在行进或静止状态下完成练习，可以扭转上体。

抱膝走

上体挺直，目视前方，左腿站立，右膝上提，双手抱膝，拉向胸部，保持1秒钟，还原到双腿站立姿势，向前迈一步，换腿重复上述动作，可在抱腿时抬起支撑腿脚跟，增加练习难度。

上臂前交叉

双腿分开站立，略宽于肩，抬起双臂，与肩同高，双臂交叉向对侧弹振，左臂超过右肩，右臂超过左肩，速度适中，手臂也可上下交替。

旋转躯干

站立，双脚分开为两倍肩宽，抬起双臂呈侧平举，向右侧充分旋转上体90度，髋膝踝固定，左肩转至前方，左手朝右，右手朝后，回旋转至起始姿势，然后反向重复动作。可充分旋转上体，加大拉伸幅度。

鸭式行走

全蹲，双脚与肩同宽，双手十指锁扣，置于脑后，保持深蹲姿势向前行走。上体可任意向左、右方向旋转90度，侧向行走，增加动作难度。

手臂过顶下蹲

　　直立，双脚与肩同宽，双臂上举，深蹲，双臂用力伸直，加大拉伸幅度，恢复站立，重复上述动作。在运动过程中躯干收紧。

手足爬行

　　从俯卧撑姿势开始，双腿伸直，用双手向后"走"，臀部逐渐抬起，绷直双腿，双手尽可能接近双脚，然后用手走向起始位置，重复10次。可在双手向后移动时双脚同时向前走，增加动作难度。

俯撑横向走

俯撑姿势，双脚固定为轴心，双手交替向左走5步，然后回位，再向右走5步，再回到中心位置，每侧重复10次，进行此项练习时，也可以让双脚移动，上下肢左右交替横走，躯干绷紧。

登山式爬行

俯撑姿势，绷紧躯干，双臂伸直，左腿伸直，右腿侧向提膝与胸部水平，身体与地面平行。然后，右腿向后移动至起始位置，提左膝至胸部水平。重复前面动作，速度缓慢均匀。

蜘蛛侠式爬行

在登山动作基础上，右腿向前迈步，将膝提至肩部外侧，当膝盖移动至腋下时，左手向前移动，向后蹬伸右腿，左腿向前移至腋下，重复前面动作。这种热身练习要求较强的核心力量来保持身体与地面平行，难度较大，不易掌握。

力量训练和灵活性

一般来说，灵活性是一个或一组关节在动作系统中的移动范围。关节移动范围取决于骨骼形状、连接组织（软骨、肌腱和韧带）弹性和柔软性。遗传基因对身体灵活性影响较大，但是通过拉伸练习，可以提高身体灵活性。缓慢拉伸可增加关节移动范围，只要定期进行拉伸练习，力量训练就不会降低身体灵活性。事实上，经常进行力量训练可提高身体的灵活性，因为力量训练增加了肌腱、韧带和关节本身的力量和柔软性，提高了肌腱拉伸幅度，增强了肌腱张力，增加了肌肉力量，能避免关节肌肉撕裂、过度旋转或脱臼等伤病情况的出现。一根橡皮筋，长时间拉伸后就会失去恢复原状的能力，而力量训练能提高肌腱在变形后恢复正常形状的能力。阻力训练可保持肌腱的柔软性，有助于在受到拉伸后恢复放松状态下的长度。抗阻训练能提高肢体完成拉伸动作并保持拉伸姿势的能力，没有基础的力量耐力，不可能长时间保持拉伸姿势，力量训练能减少灵活性训练中的受伤概率，但是不要忘记，任何训练都不可能避免所有的伤病风险。

放松

训练结束时心率仍然很高，需要缓慢降低心率。放松运动能避免血液集中潴留在身体某些部位，从而增加身体恢复能力。如久坐起身时，往往出现头晕的情况，这称为直立性低血压，是血液集中在身体下部，使大脑供血不足造成的。虽然这种情况通常不必担心，但依然是一个潜在的危险因素，有些人在试图站立的过程中出现晕厥。训练后，让心率恢复正常的一个稳妥的办法就是进行放松。放松运动类似于热身运动，进行5~10分钟慢速有节奏的练习，然后再进行10分钟的全身拉伸练习，例如，低强度的健身脚踏车练习和拉伸，是大强度训练后的最佳放松方案。

第 5 章

胸部训练

胸部是身体中一个最明显的部位，能协助完成很多手臂动作，例如投掷、前推和击打等。强壮的胸肌能体现出训练质量。胸肌主要包括胸大肌和胸小肌，胸肌可以进行多种不同的移动。

所有的推举运动都需要胸肌、肱三头肌和三角肌前束的参与，要想单独训练胸肌并不容易，需要将多种练习组合在一起，这样也能避免过度训练，本章将介绍上肢推举动作和胸肌单独练习。

上肢卧推是训练量较大的训练，卧推能够充分展示力量，其受欢迎程度超过了其他所有练习，卧推不仅锻炼胸肌，还能锻炼肱三头肌与三角肌前束等肌肉。

卧推

　　卧推动作类似于颠倒的俯卧撑，要求具备一定的专注力和手臂协调性。这里介绍的是自由重量卧推，有些健身房可能提供固定轨迹卧推。应该遵循正确的训练技巧，开始阶段选择较轻的重量。

　　1. 在卧推凳上躺下，抓住杠铃杆，握距与肩同宽或略宽，双脚着地，头部、肩部和臀部始终紧靠卧推凳，腰部应该稍稍拱起，以缓解下腰所承受的压力，下腰与凳之间有一定的空间，手可以伸进滑动。

　　2. 深吸气，将杠铃从架子上取下来，稍停，默数1、2，然后开始退让下移杠铃至胸部。

起始姿势

取下杠铃

3. 稳稳地下落杠铃，当杠铃触碰到胸部后，稍停，默数1、2，杠铃杆横置于乳头或略高的位置。

4. 呼气，快速上推杠铃，保持匀速，直至双臂充分伸展，杠铃杆移动轨迹呈弧形，最终止于颈部正上方。双臂不宜锁死，推举杠铃应该充分伸展肘关节，轻锁肘关节是可以接受的，这有助于练习者向上完成推举动作。卧推有几种不同的练习方法，每种练习对胸肌和辅助性肌肉的刺激略有不同，可根据针对性原则，选择适合自身需求的练习。

退让放下

双臂推举

可选练习

斜推

这个动作对胸肌上部的刺激强度略大于水平卧推。

1. 将卧推凳倾斜度设定在45度左右，角度越小，训练重点越集中于胸部的中部和前肩；角度越大，训练重点越集中于胸部的上部、肩中部以及肱三头肌。

2. 推举和下放动作与水平卧推相同，杠铃触碰胸部偏上，接近锁骨位置。

哑铃卧推

这个动作有助发展稳定肩部的肌肉。首次进行该练习时，可能感觉有点别扭，控制哑铃是这项练习的关键。

1. 仰卧于平凳上，双肩牢牢顶住凳子，内收左右肩胛骨，绷紧身体，为双肩提供支撑。

2. 双手持铃，掌心向前，哑铃置于胸部之上，双肘向侧远离身体。

3. 伸展双臂，推举哑铃。

4. 放下哑铃，回到起始位置，如果觉得哑铃摇摆不定，可以在推举哑铃时将两只哑铃靠在一起。

单臂卧推

如果要增加练习难度，可单臂平卧或斜推哑铃，用哑铃进行卧推练习时，从胸部位置开始，而杠铃则从架子上取下开始。

1. 坐于凳子一端，两手持铃置于左右大腿之上，上体下躺，收紧躯干，上提哑铃置于胸部。

2. 左手持铃不动，右手举起哑铃，手臂伸直，稍停，然后放下，再重复左手动作。

3. 双臂可每次交替或每组交替，交替练习可使双臂疲惫程度相似。

要增加练习难度，可将不动哑铃置于手臂伸直位置，同时推举和放下另一只哑铃，或采用依次举起、放下哑铃的练习形式。

非稳定卧推

　　该训练更多地针对竞技运动，适合高水平举重者。在平衡球上尝试相同的举重练习，练习难度将大大增加，有人使用这项练习来训练核心部位，但是该项练习主要是针对肩带与肩袖肌肉。如果训练目标是增加胸肌的体积和力量，不适合采取不稳定训练方法。应该能在稳定平面正确完成卧推动作后再尝试非稳定卧推。

　　1.手持哑铃，轻于稳定卧推重量，坐在平衡球中心位置。

　　2.曲臂持铃，与肩同高，前移双脚，远离平衡球，双肩和背部压于球上，躯干伸展，双脚平放，大小腿夹角为90度。

　　3.躯干收紧，上举哑铃，伸直双臂，稍停，默数1、2，放下哑铃，也可以进行单臂训练。

绳索飞鸟

该动作是一项专门训练胸肌的练习，移动范围比卧推大，使用绳索或器械进行飞鸟练习，双臂向身体两侧外展与胸同高，根据练习器械情况，肘关节向外伸直或弯曲90度。

1. 使用有手柄的绳索练习器时，双手抓住手柄，伸展双臂，肘部微弯，使用带有护垫的器械时，掌心向前，双臂靠于护垫，前臂、双手以及肘部与护垫完全接触。

2. 两手拉动手柄或护垫，相向挤压，双手均衡用力，当处于完全收缩位置时，手柄或护垫应位于正前方，手柄或护垫可接触。

哑铃飞鸟

　　哑铃飞鸟难度大于绳索飞鸟练习，哑铃飞鸟需要控制哑铃移动路径，要求练习者稳定上体。

　　1. 躺于平凳上，双臂充分伸展，双手持哑铃置于胸部正上方，掌心向内，哑铃触碰在一起。

　　2. 肘部保持微弯，直臂外展至与地面平行。

　　3. 当哑铃移动到最低位置时，稍停，默数1、2。

　　4. 运用"熊抱式移动"，将哑铃推至最上方。

绳索交叉

绳索交叉练习是胸部练习中最炫的练习，是锻炼胸肌的好方法，也可以进行单臂练习。

1. 站于绳索拉力器中间，双手持柄，两臂侧平举，两脚前后站立，以提高身体稳定性。

2. 握紧手柄，掌心向下，直臂下拉手柄，终止于身体中线，两肘微弯，两膝微弯，身体向前微倾。

3. 双手靠拢或交叉，置于肚脐前15~30厘米处。

4. 放松手柄，回到起始位置。

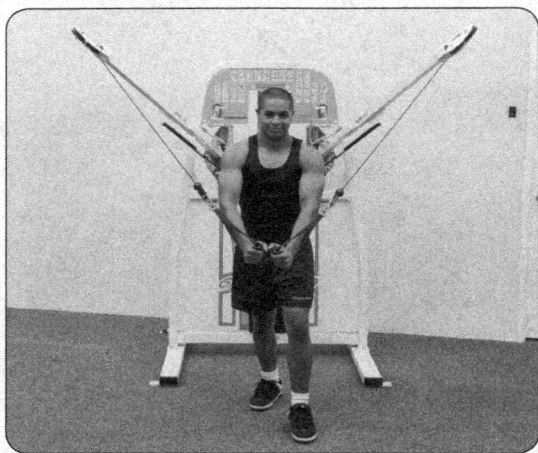

健身房练习

运用合适方法

有经验的卧推者懂得成功推举的诀窍。对男性来说，最终目标是增加杠铃片，举起传奇的巅峰重量：每边三片杠铃片，每块20千克，加上20千克的杠铃杆，总共140千克。虽然离这个重量可能还很遥远，但可以成为未来的目标。首先应该掌握好推举技术，发展基础力量，此前不要尝试像老手一样进行推举。

抓握杠铃和哑铃，应该采用猴式抓握法，即拇指与其他四肢相对环握杠铃或哑铃杆。双手位置很重要，一般来说，两手间距较小，肱三头肌会受到更多刺激，两手间距较宽，胸肌则受到更多刺激。

正确的卧推技术：身体稳固且收紧，在推举过程中，身体与凳子始终保持接触，双脚支撑，如果将双脚置于凳子上，将降低身体稳定性，同时也减弱了相关肌肉训练的针对性，双脚分开，距离略大于肩宽，稍稍靠后，内收并固定双肩，建立一个稳定卧推基础。

杠铃放下要控制好，可让相关肌肉形成弹性能量，从而帮助再次举起杠铃，上推杠铃时，肩部放平，身体向后推压凳子。上举起始阶段，不要将杠铃弹离胸部，借势过多不但降低训练效果，而且可能导致损伤。

在家练习

俯卧撑

如果不方便去健身房，又想对胸部进行充分的训练，那么可以通过几种方法在家里进行训练。自己身体能够提供强大阻力，俯卧撑就是很好的练习，大多数力量训练仍然在使用俯卧撑。如果身体非常强壮，可以尝试将双腿放在板凳或椅子上，抬高双腿位置，身体重量更多地集中于上体，有利于加大训练负荷。此外，调整双手放置的位置也可以调节练习难度。

如果完成正常的俯卧撑有困难，可将双手置于椅子或台阶上，上体抬高，减少上肢支撑重量，降低难度；如果想增加练习的难度，可以使用平衡盘或药球作为双手的支撑基础，这对俯卧撑是很好的辅助，如果有阻力绳，可将阻力绳中段系于床柱或栏杆上，背对着固定物，双手抓住手柄，直立身体进行俯卧撑练习，有一种特制的阻力绳，挂在门把手上就可以进行俯卧撑练习。

胸部训练方案

卧推是一个很好的练习，如果结合其他练习，就能在胸部训练中达到一个新的水平。卧推练习可以与飞鸟练习组合。如果要加大胸肌训练难度，可尝试前消耗或后消耗训练，也就是在卧推练习之前或之后，进行一组辅助性的飞鸟练习，辅助练习与正式练习之间没有间歇，而相邻两大组之间的间歇要相对充分。

为了增加训练的多样性，可采用两项练习交替进行。例如，平躺卧推练习可与倾斜卧推练习交叉进行，在两者之间可以插入绳索交叉练习。在练习组合方面，可以充分发挥自己的想象力。

卧推练习涉及很多肌肉，其中，胸肌是主要的肌肉。完成多组组合练习后，肌肉将开始疲劳，此时应该进行相应调节。不要害怕改变训练内容，不必总是一成不变地从卧推开始周一的训练，可以尝试下表中比较流行的组合训练，训练方案一适合一般健身运动，训练方案二适合增强力量，训练方案三有利于改变训练节奏。

表5.1　　　　　　　　　　　　　胸部训练方案

方案	练习	组数	次数	间歇
方案一	卧推	2	12	90秒
	斜推	2	10	90秒
	绳索交叉	2	12	60秒
方案二	哑铃飞鸟	2	12	90秒
	卧推	2	10	90秒
	单臂卧推	2	10	90秒
方案三	斜推	2	10	90秒
	哑铃飞鸟	2	12	60秒
	哑铃卧推	3	15	90秒

第**6**章

背部训练

力量训练一个重要的原则就是肌肉的平衡发展，因此在训练胸部肌肉的同时，也必须训练背部。上背练习包括各种拉的动作，在所有拉的练习中，背阔肌、菱形肌、斜方肌、三角肌后束、大圆肌、肱二头肌和手臂屈肌都能得到锻炼。在很多训练计划中，背部肌肉和肱二头肌往往同时训练，进行背部训练时，应重点关注背部肌肉，而不是肱二头肌。然而，肱二头肌的参与是不可避免的，在安排计划时要考虑到这一点，以免肱二头肌训练过度。建议在背部训练当天同时进行肱二头肌训练，如果分开训练，在背部训练日与肱二头肌训练日之间要留出足够的恢复时间。

很多肌肉都具有拉的功能，而并非是背阔肌的专利。双手位置以及运动方式决定了背部肌肉、肱二头肌、三角肌后束参与运动的程度，运动中，其他肌肉参与越多，背阔肌针对性训练效果就越差。如果希望增大背阔肌力量，改善其外形，应该选择更多的针对性练习。如果期望提高运动表现，就应该积极动员其他肌肉参与，这有助于增加拉力。

上背训练的主要练习是坐式划船，这也是卧推最好的辅助练习，正确进行此项练习不仅有助于拔河比赛，而且还能改善上体形态。

坐式划船

　　欲使背阔肌最大程度参与运动，进行坐式划船练习时最好使用绳索。对于初学者来说，可以采用站立式拉划船器，这种方式有助于提高稳定性。也可以采用提供下腰支撑的器械，这种方式有利于降低训练难度。手臂起始位置将决定要训练的重点肌肉，在坐式划船中，双臂置于体侧，双肘内收，这样能偏重对背阔肌的刺激。如果使用绳索连接杆，双肘张开置于两侧，与腋下呈90度角，训练重点更多地偏向于三角肌后束以及菱形肌。

起始姿势

后拉手柄

1. 重点关注身体姿势，身体处于收紧状态，双脚牢牢踩在地面或支撑面上，增加稳定性，控制负重。绳索拉力器对上体没有任何支撑，必须保持正确身体姿势，目视前方，挺胸，上体直立，收腹，腰部挺直，双臂伸展，手柄应与身体保持一臂距离。

2. 抓住手柄，将其缓慢拉向胸部位置，肩胛骨内收。

3. 充分后拉，稍停默数1、2，不要借助弯腰的动力后拉手柄。

4. 对抗负重，缓慢伸直双臂，回到起始位置。

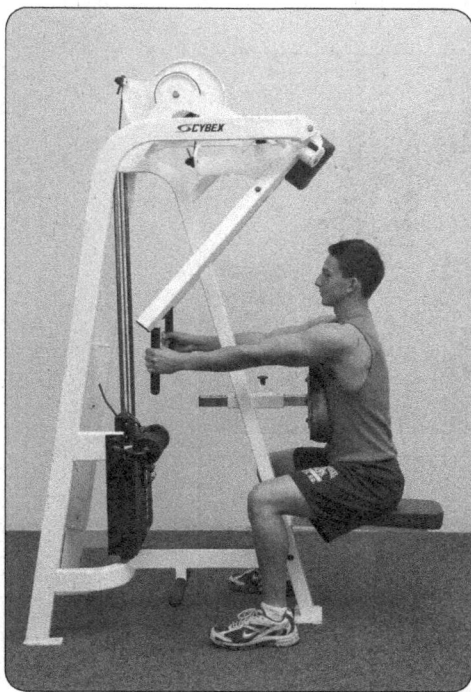 

起始姿势   后拉手柄

哑铃划船

哑铃单臂划船是一个针对性较强的背阔肌练习方法。

1. 右手和右膝置于平凳上，二者呈一直线，相距0.6米左右，左腿着地并保持身体平衡，腰背挺直，目视地面，不要抬头。

2. 左手持哑铃，手臂伸直。

3. 向后上方拉动左臂，在将哑铃拉至腰部，左上臂紧贴身体，这个动作类似于锯木动作。

4. 缓慢伸展左臂，回到起始位置，在上拉动作中不要用力过猛或旋转身体，出现这种情况，说明使用的重量过大。

背阔肌下拉

坐式划船的主要变形动作是背阔肌下拉练习。

1. 坐在背阔肌下拉器上，双臂伸直置于头部上方，以猴式握法抓住拉杆，握距为肩宽两倍，掌心朝前，双臂呈V字形，腰稍后倾，避免拉杆撞击头部。

2. 下拉握杆至胸部上方，有些人喜欢将拉杆拉至头部后侧，这个练习可能造成颈部上侧受伤，造成下腰弯曲。如果选择将握杆拉至头后，应该挺胸，面朝前方。

3. 恢复拉杆起始姿势。

引体向上

坐式划船另一种变化形式是引体向上。

1. 手抓单杠，双臂充分伸展，掌心朝后，肩肘伸直，握距与肩同宽。

2. 引体向上，下巴越过单杠，锁骨与单杠持平。

3. 缓慢回至起始位置，如果引体向上有困难，可以先练背阔肌体前下拉，假以时日，就能完成引体向上。

体前下拉

如果引体向上有困难，可以先尝试体前下拉。

1. 坐在背阔肌下拉器上，双手抓住头顶拉杆，双臂充分伸展，掌心朝后，握距与肩同宽。

2. 下拉握杆越过下巴，拉至锁骨，暂停默数1、2，然后回到起始位置。

哑铃仰卧屈臂上拉

哑铃仰卧屈臂上拉对姿势的要求非常严格，这是一项针对性较强的练习，唯一应该移动的关节是肩关节，在练习过程中，双臂伸展，肘关节微屈，角度始终固定。

1. 躺于凳上，头前方竖放一只哑铃，肘部微屈，双手后伸抓住哑铃。在练习的起始位置，哑铃与头部基本同高，双臂伸展，肘关节微屈。将哑铃从地上举起至起始位置可能有点困难，可以内收双臂，将哑铃从地上举起。

2. 拉动哑铃至脸部正上方，注意握紧哑铃，哑铃从地面沿着弧形轨迹运动至面部正上方。

3. 哑铃运动至最高位置时，稍停默数1、2，然后缓慢返回起始姿势。

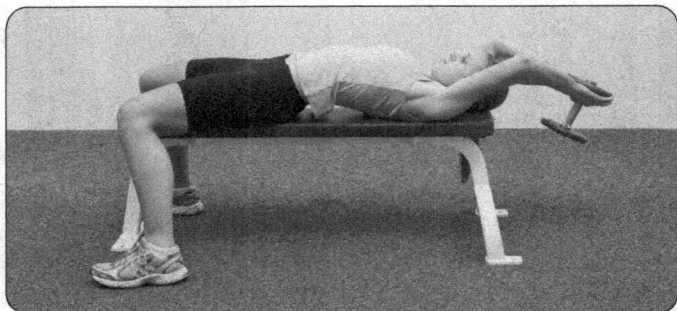

直臂下拉

如果想单独训练背阔肌，完全不使用肱二头肌，直臂下拉是最理想的练习。

1. 直立，膝关节微屈。举臂过头，充分伸展，使用开放式握法抓杆，掌心向下。

2. 下拉握杆与肩同高，双臂在体前充分伸展，双臂紧锁，肘关节完全伸展，向身体方向下拉握杆。开始时选用较轻的重量，不要耸肩，避免使用双臂来拉，而是通过背阔肌将握杆下拉至腰部。

俯身杠铃划船

如果希望训练上一个新台阶，可尝试专业运动员和健美运动员常用的俯身杠铃划船，这项练习需要一副奥林匹克杠铃。

1. 屈髋直腰，运用锁式握法抓住杠铃，掌心朝后。如果要增加练习难度，可以尝试反手抓握杠铃，掌心朝前，这样对肱二头肌的刺激较大。

2. 直臂提拉杠铃，膝关节微屈，身体前倾，躯干略起，稍高于水平位置。

3. 内收肩胛骨，菱形肌收缩，背阔肌收缩，将杠铃拉到腰部，在上拉过程中，双肘应向身体两侧迅速张开，与躯干夹角为45~60度，杠铃触及上腹部，练习完成。

4. 一边呼气，一边以可控的方式放低杠铃。

获得双翼

背阔肌体积巨大，且向两侧张开呈V字形，这样的背阔肌称作"蝙蝠之翼"，这个名字指的是背阔肌的外形类似蝙蝠张开的翅膀。打造蝙蝠之翼应该进行背部训练，多数练习者使用的一个技巧是在开始运动前内收肩胛骨，使两块肩胛骨靠拢。这样做可以动员菱形肌参与运动，让背阔肌处于正确姿势，均匀地承受负重，减少肱二头肌参与，此项练习重点在于使用上背承受负荷。

进行背阔肌练习时，双臂内收外展与握姿等问题不仅是出于舒适性考虑，也是由训练目标和功能所决定。如果希望充分发展背阔肌，就必须尽可能增加移动范围，减少肱二头肌以及其他辅助肌肉的参与。宽握距能加大对背阔肌的刺激，但是不利于力量的提高。如果主要目标是发展力量，应保持双肘内收，增加阻力。手臂内收，能更多地动员斜方肌中部参与运动，杠杆效应增强，这时三角肌后束参与运动减少，手臂姿势选择应该以训练目标为依据。如果训练目标是改善形状和外观，两种训练方式都必须选用。

正确的头部姿势非常重要，应该挺胸，目视前方，目光朝下或朝上将造成弓背或塌腰，还会动员其他肌肉进行提拉，降低背部肌肉贡献。保持正确的头部姿势，能控制动作，是进行任何提拉练习的关键，背部训练也不例外。

训练上背时，下腰必须始终予以支撑，挺胸和抬头会避免下腰弓起，不能通过下腰发力来完成上背练习。如在坐姿绳索划船练习过程中，往往身体前倾，腰部剧烈运动，造成背阔肌及其他背部肌肉不能在移动范围内充分运动，坐姿划船练习利用下腰和肱二头肌来获得动能，降低了背阔肌运动强度，从而降低了训练效果。正确的姿势是：直腰，身体稍后仰，能加速对背阔肌的激活，还能减少脊椎下部的压力。

当可以举起较重的重量后，前臂和双手握力通常会在其他肌肉之前进入疲惫状态，可使用绷带将双手固定在握杆上，这是一种帮助人们举起大重量的理想选择。绷带减少了握力肌肉的训练量，有利于背阔肌的单独训练。一般来说，使用绷带可以多做几次练习，因为降低了对握力的要求。如果在训练背部同时增加握力，就可以同时增加前臂的力量和体积，通过提升握力，不仅可以增强拉力，提高运动表现，还能增加训练进展的速度。虽然绷带可以帮助增加提拉负重，但同时也会助长不良姿势。不要忘记循序渐进这一训练原则，如果训练强度增长过快，就会影响动作规范性，降低训练效果。

在家练习

拉力训练

训练背阔肌本身是件不易之事，再加上没有合适的设备，那就更难了。然而，如果能找到方法来进行引体向上或辅助式引体向上练习，那么在家里进行锻炼也会收到较好的效果。最好的办法就是买一个接在门框上的单杠，还有一种方法就是打开一扇门，将一根绳子或裤带、毛巾绕在门两侧的把手上进行固定，绳子两端不固定。两腿叉开骑于门，身体后仰一臂距离，双手抓住绳子两端，进行类似于引体向上的运动，脚后跟牢牢踩地作为支点。为了安全，双手始终牢抓绳子，绳子牢固结于门把手。

还有一种方法是躺在地上，同伴分腿站于上方，两人相对，抓住同伴双手或对方手里的毛巾，以自己双脚为支点上拉身体，虽然这样训练的移动范围较小，但总比没有强。如果这些方法你都不喜欢，那么可以使用阻力绳，训练方法类似于第5章介绍的推拉动作：站立，面朝柱状物体，将阻力绳中段拴于柱上，然后完成各种拉的动作。

背部训练方案

　　背部是人体重要部位，应该尽可能进行单独练习。背部训练无法在肱二头肌不参与的情况下单独进行，可以通过提高背部肌肉贡献来开启每项练习，降低肱二头肌的参与比重，动作应该缓慢，动作过猛会首先启动肱二头肌，导致抓握出现疲惫。

　　进行背部锻炼，有效的方法是在训练中使用各种拉力练习，建议加入坐式划船和背阔肌下拉练习，从各角度对背部肌肉进行针对性训练，有效的方法是减少练习组数，增加练习种类。为提高挑战性，可以采用前耗尽或后耗尽组合练习方案。

表6.1　　　　　　　　　　　　　　背部训练方案

方案	练习内容	组数	次数	间歇
方案一	俯身杠铃划船	3	8	2分钟
	直臂下拉	2	12	90秒
	体前下拉	2	10	90秒
方案二	坐式划船	3	10	90秒
	背阔肌下拉	2	12	90秒
	哑铃划船	2	8	90秒
方案三	背阔肌下拉	3	12	90秒
	哑铃仰卧屈臂上拉	2	10	60秒
	俯身反手杠铃划船式	2	8	90秒

第7章

肩部训练

　　三角肌由三块具有不同功能的独立肌肉构成，三角肌前束负责向身体前侧抬起手臂，拉动手臂向身体对侧移动；三角肌中束可将手臂外展，让手臂远离体侧；三角肌后束主要负责后拉手臂。三角肌与肩袖相互协作，肩袖是肩部深处小肌肉及肌腱的总称，负责肩关节处于正确位置，这些肌肉使手臂可以围绕肩关节旋转，使用错误技术或过度使用肩关节，肩袖肌群将较早感知。

　　很多练习者喜欢用很大的重量来训练肩部，肩袖肌肉运动过量会导致很多问题。切记任何上体运动都会刺激肩袖肌群和三角肌，在进行类似卧推等推举练习时，三角肌前束都会参与工作，三角肌后束会参与各种拉的运动，所有双臂向外远离身体，类似外展的练习，都会刺激三角肌中束。如果训练得当，三角肌可以既好看又实用。

肩推

肩部练习的最佳方式是肩推，又称为硬推。可以使用哑铃、杠铃或器械来进行这项练习。

1. 坐于训练凳上，双手各持哑铃置于肩部外侧，掌心朝前。

2. 向上推举哑铃，双臂上举。

3. 轻锁肘关节，至最高点稍停，默数1、2，躯干收紧，挺胸抬头。

4. 回到起始位置，哑铃下降过程中对抗重力，控制速度。

大负重、快动作的训练是造成过度训练的主要原因，宁可训练不足，也不要训练过量，不要使用大负重伤害下腰，不要利用冲力或反弹力举起重量。

初始姿势

上推哑铃

单臂交替哑铃肩推是强化肩部训练的有效方法，能使弱侧肩部的力量逐渐平衡，在交替肩推练习中，始终保持压力状态，能改善三角肌外形，进行单臂练习时，每次动作须独立完成，控制速度。如果使用杠铃做这项练习，放下杠铃杆时应将其置于头后或头前。初学者应将杠铃杆置于头前，以此减少颈部椎间盘的压力，减少肩部冲击。当掌握技术后可将杠铃置于头后。杠铃或哑铃越向身体后方移动，对于三角肌中束的训练强度越大。

最高点稍停

回到起始位置

可选练习

杠铃肩推

　　站立或坐于训练凳上，建议初学者选用坐姿练习。

　　1. 双手抓住杠铃杆，握距略大于肩宽，杠铃杆触碰胸部上部。

　　2. 充分伸展双臂，推杆过头，身体后倾，以便杠铃杆从头前通过。

　　3. 到达顶点暂停，默数1、2，控制速度，下放杠铃，避免撞到头，也可以从双臂完全伸展状态开始练习，杠铃下放至胸部为一次动作。

前平举

前平举训练的是三角肌前束。

1. 坐在训练凳上，双臂置于身体两侧，双手握哑铃，稍偏前，掌心朝后。

2. 直臂向身体正前方举起哑铃，双臂与肩同高为止。

3. 将哑铃放回起始位置，也可用杠铃进行练习，可以躺在斜凳上，以增加哑铃的移动距离。

侧平举

侧平举练习重点训练了三角肌中束。进行这项练习既可以坐在训练凳上,也可以站立,站姿要求更高。练习时要杜绝投机取巧,不要使用双腿发力举起重物。有经验者可任选一种训练方法,对于新手,坐姿有利于固定肢体,有利于加大对三角肌中束的刺激。

1. 抬头挺胸,坐于训练凳上,双手各持哑铃,置于身侧,双臂充分伸直,掌心相对。

2. 举起双臂,双臂与地面平行为止,与腋下呈90度角,肘关节微屈。

3. 回到起始位置。

俯身飞鸟

　　俯身飞鸟练习主要用于发展三角肌后束。练习前在凳子一端两侧地上分别放置一只哑铃。

　　1. 坐于凳子一端，身体前倾，上背与地面平行，胸部接触膝关节，目视地面，头与后背呈直线，双臂下垂，掌心相对，双手各持哑铃。

　　2. 肘关节微屈，直臂后拉哑铃，双臂与地面平行为止。

　　3. 最高点时暂停，默数1、2，然后放下哑铃，哑铃始终离开地面，让肌肉持续承受压力。

三角肌：造就宽阔的肩膀

对男性来说，宽阔的肩膀是男子汉标志。对女性来说，线条漂亮的肩部可以美化身体姿势，提高自信。加强难以训练的肩部肌肉是增进体态的关键。但是不要训练过度，应该记住一个最重要的训练原则：不及远比过量好。几乎所有上体练习都会使用肩部肌肉。完成其他练习后，进行1~2组针对性的肩部训练就足够了。如果单独训练肩部，要安排充足的间歇时间。尽可能使用哑铃，有利于提高稳定和平衡能力，加大移动范围。训练肩部肌肉时要注意背部问题，腹肌收紧，抬头挺胸。不要利用冲力举起负重，其他肌肉助力会降低肩部肌肉参与。注意身体姿势，尽量减少下腰参与，最常见的错误是躯干弯曲和下腰不直。

在过顶推举中，头部受到撞击的举重者不在少数，要保护好头部，如果上举过程乏力，应该放下哑铃，强行上推将对肩关节囊造成损伤。

── **在家练习** ───────────────────

训练你的宽阔肩膀

靠墙手倒立负重很大，利用身体自重推举是一项很好的练习，练习时需要一定的身体平衡能力和灵活性。初学者可使用阻力绳进行肩推练习，站在阻力绳中间位置，或坐在安装固定阻力绳的椅子上，从肩部位置向上推举手柄，也可以采用相同姿势，选择阻力较低的带子进行前平举和侧平举。要训练三角肌后束，可采用飞鸟练习。

三角肌训练方案

如果每周训练三次以上，以下方案就可以满足你的需求。其中，方案二、方案三结合了胸部和背部练习。

表7.1 三角肌训练方案

方案	练习	组数	次数	间歇
方案一	哑铃肩推	3	8	2分钟
	前平举	2	10	60秒
	俯身飞鸟	2	12	60秒
方案二	杠铃肩推	3	10	2分钟
	俯身飞鸟	3	10	90秒
	前平举	2	10	90秒
方案三	单臂哑铃肩推	2	12	90秒
	侧平举	3	12	90秒
	俯身飞鸟	3	12	60秒

第8章

斜方肌训练

健美训练的成功标志是拥有触及耳朵的斜方肌。按照位置，斜方肌分为三个明显的组成部分，斜方肌上部，负责肩部上提，进行耸肩动作；斜方肌中部有助于稳定肩胛骨，并通过肩胛相向挤压，辅助向内拉动双臂；斜方肌底部辅助下压肩胛，这不是一个常见功能，如果长时间坐在电脑前，肩部已经弓起，可使用斜方肌下部下拉肩部，拉伸颈部和斜方肌上部。人体倒立悬挂时，斜方肌下部具备将双臂保持在体侧的功能。

斜方肌负责保持上背、颈部和肩胛的正确姿势，斜方肌对降低慢性损伤也能起到重要作用。不要因为害怕变成尼安德特人体型而对斜方肌训练心存顾虑。事实上，如果加强斜方肌训练，变成安德特人体型的可能性就更小。增加上背、肩胛和颈部肌肉的力量，可以保持正确身体姿势，预防驼背，增强斜方肌功能。

斜方肌辅助身体进行各种拉的动作，有助于将肩胛骨拉到一起，斜方肌极少单独发挥作用，因此单独训练斜方肌很困难，下面介绍几种对斜方肌进行针对性训练的方法。

主要练习

负重耸肩

　　负重耸肩是进行斜方肌练习最有效和最简单的方法。可以选用杠铃或哑铃进行练习。训练成功的关键在于收紧身体，依赖斜方肌完成动作，启动动作尽量减少双腿参与。

　　1. 双脚与肩同宽站立，膝关节稍锁紧，双臂体前下伸，双手抓住杠铃，握距与肩同宽，掌心朝后，也可将杠铃置于身后背后进行练习。

起始姿势

提起双肩

2. 提起双肩，向上朝两耳方向挤压斜方肌。

3. 在最高点稍停，默数1、2，然后回到起始位置。

使用哑铃进行耸肩练习，双脚与肩同宽站立，膝关节稍锁，双手各持哑铃，置于身体两侧，掌心相对，上提肩关节，挤压斜方肌，移动到最高点时稍停，默数1、2，然后回到起始位置。

杠铃置于体后的起始姿势

哑铃耸肩起始姿势

可选练习

直立提拉

除耸肩练习外，直立提拉也是锻炼斜方肌练的有效方法，但是三角肌中束也给予斜方肌较大帮助。直立提拉对于肩关节囊造成压力，如果肩部有问题，不要进行这项练习。

1. 双脚与肩同宽站立，膝关节微屈。双手抓握杠铃置于体前，掌心朝后。

2. 垂直提拉杠铃，肘关节外展，杠铃紧贴躯干上滑，直至胸部顶端。

3. 达到顶点稍停，默数1、2，耸肩，然后缓慢回到起始位置，不要先耸肩再提拉，否则三角肌将承受主要负重。

斜方肌在很多背部练习中都有参与，如果力量训练合理，在结合其他上背练习的情况下，耸肩练习和直立提拉足以让斜方肌获得理想的训练效果。

稻草人拉力练习

单独训练斜方肌比较困难，比较好的做法是让三角肌后束和斜方肌一起发力。这个练习叫作稻草人拉力练习，因侧展双臂形似稻草人而得名。

1. 将阻力绳中段固定在物体上，面朝固定物，双手各握手柄，也可用滑轮器械来完成此项练习，双臂体前举起，与腋下呈90度角，双臂与地面平行，掌心相对，后拉弹力绳。

2. 双臂向后伸展，挤压肩胛骨，身体呈T字形，这就是稻草人姿势。

3. 到位后稍停，默数1、2，然后回到起始姿势。

肩胛内收

这项练习有利于针对斜方肌中部进行训练，虽然移动范围小，但这个练习既有治疗功效，也有训练斜方肌功能。

1. 选择站姿或坐姿，面对绳索拉力器，连杆与胸同高，伸展双臂，正握，移动身体，拉紧绳索，双臂紧锁，绳索绷紧。

2. 双臂伸展紧锁，挤压肩胛，到位后稍停，默数1、2，打开肩胛骨，利用阻力将双臂外拉，尽可能弓起上背，不要因为移动范围小而不以为然，这是一个很好的练习，尤其适合肩部稳定性较差的练习者。

健身房练习

注意力放在动作上

锻炼时，要将斜方肌向两耳方向提拉，用力挤压，还可以在最高点发出声音，为自己鼓劲。

如果要进行大力量训练，尤其是对于握力较差的练习者，可用绷带将双手固定于握杆，绷带可承受较大负重，但绷带对握力提升不利，在握力足够的情况下，就不要养成使用绷带的习惯，上拉中避免使用双腿，借助冲力不利于斜方肌发展，控制好练习动作，减少对三角肌的依赖，注意预防肩袖肌群扭伤。

许多人拉到最高点时，前后滚动双肩，这样做增加不了斜方肌训练强度，更糟糕的是，可能形成肩部错误姿势，还有肩关节脱臼的风险。

在家练习

在家的耸肩练习

斜方肌结构位置有利于提拉较大负重。不论提高力量、改善外形还是增强耐力，建议进行简单易学的耸肩练习。可以采用阻力绳代替杠铃或哑铃进行相同的练习。如果选择站姿，双手各握手柄，用脚将阻力绳中段踩在地上，双肩垂直上拉，双臂伸展紧锁。选择坐姿进行该项训练，可将阻力绳置于体前，缠绕于双脚进行固定，身体直立或稍后仰，进行相同的耸肩运动。

斜方肌训练方案

斜方肌训练有助于保持正确的身体姿势。斜方肌训练常常与三角肌后束的飞鸟练习训练同时进行。

表8.1 斜方肌训练方案

方案	练习	组数	次数	间歇
方案一	负重耸肩	3	10	90秒
	肩胛内收	3	12	60秒
	直立提拉	2	8	90秒
方案二	直立提拉	3	8	90秒
	负重耸肩	3	8	90秒
	俯身飞鸟	2	12	60秒
方案三	肩胛内收	2	15	60秒
	直立提拉	2	15	90秒
	负重耸肩	2	10	90秒
	俯身飞鸟	2	10	60秒

第**9**章

上肢训练

双臂参与日常生活中的几乎每项工作，加强手臂力量和耐力非常有益。改造手臂外形是男性参与训练的主要原因，但虚荣不应该是人们进行上肢训练的唯一原因。通过几个简单练习，就能在较短时间对手臂外形进行较好的改善，而增加手臂肌肉体积需要时间相对较长，而且训练方法要相对合理，且要有一定的训练总量。

手臂肌肉主要包括肱三头肌、肱二头肌以及前臂肌群等。肱三头肌群负责上臂伸展，肱三头肌参与投掷和推的动作。肱三头肌有三个头，功能都很相似，虽然有证据表明每块肌肉的头都能通过针对性的练习进行单独训练，但是大多数研究结果显示，如果这些肌肉头之间存在任何差异，那造成差异的原因是基因，而不是训练。对于初学者来说，应该重点做好伸展练习。所有练习都有一个共同目标，那就是让肱三头肌在收缩时呈现马蹄形状。

肱二头肌是弹性最好、最醒目的肌肉。肱二头肌并不是曲肘的唯一肌肉，还有肱肌和肱桡肌参与，任何单一练习都不能将肱二头肌打造成特定形状，艰苦训练和基因帮助都是必要的。

前臂包含很多屈腕和屈指的肌肉。动画片中，有些卡通人物可以通过吃菠菜来增加前臂体积，但是大多数人必须进行抓握练习才能增强前臂力量，在很多拉力练习中，如果不使用绷带辅助，前臂可以获得更好的训练效果。

哑铃弯举

哑铃弯举是最简单的肱二头肌练习，也是针对性最佳的方法。可以选择站姿或坐姿进行哑铃弯举，双臂可以交替或同步移动。

1. 站立，双臂充分伸展，置于体侧，双手握哑铃，掌心相对。

2. 缓慢弯曲双臂，减小肘夹角，哑铃弧形移动，双肘固定于体侧。

起始姿势

弯举哑铃

3. 将哑铃举至肩部，挤压肱二头肌，稍停默数1、2，在移动过程中，扭转哑铃，让掌心指向肩部，最大程度激活肱二头肌，将哑铃缓慢放回体侧。

让前臂前侧承受更多负荷，在上举过程中掌心仰转，掌心向上，可充分激活肱二头肌。

放下哑铃

掌心仰转

肱三头肌下压

最简单、最有效的肱三头肌训练方法是使用绳索拉力器进行下压练习，在健身房有专门的肱三头肌训练区，也可以在背阔肌下拉训练区进行练习。选择一个抓握舒适的连接杆。虽然很多练习者认为，不同握杆会产生不同效果，但是大多数研究表明不是这样。

1. 站立，掌心朝前，抓住握杆置于胸部，双臂充分弯曲，双肘贴近体侧，双手握距与肩同宽。如果使用倒V字形握杆，双手握距可稍近。

起始姿势　　　　　　　　　　　　下压双臂

2. 双肘紧贴体侧，下压握杆，至双臂充分伸展，在同一平面内移动，双肘内收。

3. 运动至最低位置时，紧缩肱三头肌。

4. 将握杆缓慢回至起始位置。在回位过程中，有些练习者只将握杆移动至腰部，就进行下一次练习，为了尽可能增加移动范围，应将握杆回至胸部。在进行下次动作前，尽可能减小肘关节角度。

最低的位置   起始姿势

主要练习

腕弯举

·腕弯举训练前臂，可选用哑铃或杠铃，杠铃较长，使用难度较大，可每次训练一只手臂，也可同时训练双臂。

1. 跪在椅子或训练凳旁边，前臂置于椅凳上，手腕越过支撑面边沿，悬空。

2. 训练手臂内侧屈肌，将前臂外侧置于椅凳上，掌心朝上，抓住哑铃，弯曲或松开手腕，动作相对缓慢，在腕关节活动范围内充分移动。

起始姿势

结束姿势

3. 训练前臂背面伸肌，将前臂内侧置于椅凳上，掌心朝下，抓住哑铃。弯曲和松开手腕，动作相对缓慢。

训练腕部肌肉群的练习种类较少，另一种训练握力的练习是悬腕训练，抓住较重的哑铃，置于体侧，坚持到抓不住为止。还有一种使用较轻的哑铃，让哑铃移动至手指末端，然后圈握手指，让哑铃滚回掌心，练习要极其小心，防止哑铃摔落，造成受伤。第三种练习是握力器训练，手抓握力器，用力挤压。

起始姿势

结束姿势

可选练习

单臂哑铃弯举

在进行单臂哑铃弯举时，手臂交叉移动。

1. 坐于训练凳上，将训练手臂背部靠于大腿内侧，手持哑铃，手臂充分伸展。

2. 缓慢曲臂，将哑铃举至肩部。

3. 运动至最高位置暂停，挤压肱二头肌，将哑铃放回起始位置。

可变化运动形式，掌心向内，类似握锤，又称握锤式弯举，在弯举运动中保持前臂姿势不变，能加大对肱桡肌的刺激。

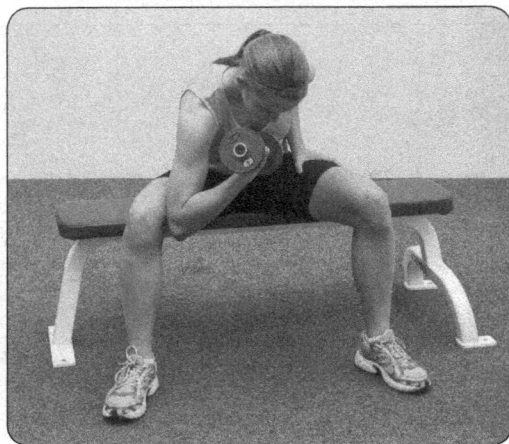

站姿肱二头肌弯举

　　选择直杆或曲杆杠铃进行练习，弯举时身体不要后仰，避免下腰受伤。

　　1. 站于杠铃后面，双手紧握杠铃杆，掌心朝上，握距略大于肩，双臂充分伸直，挺身。

　　2. 缓慢举起杠铃至肩部，杠铃沿弧形路线移动，至双臂充分弯曲。

　　3. 放下杠铃至起始位置，下放过程3~4秒。

　　可变化练习方式，增加双手握距，杠铃与身体保持15厘米左右。

绳索肱二头肌弯举

手持握杆或手柄，使用绳索拉力器进行弯举。

1. 双手抓住握杆，双臂伸直，内收双肘，置于体侧。

2. 缓慢弯曲双臂，使握杆或手柄与肩部同高。

3. 移动至最高点时挤压肱二头肌，缓慢恢复至起始姿势。

可以使用单个手柄，尝试使用握锤式弯举。

起始姿势　　　　　　　　　　　　　　结束姿势

牧师凳肱二头肌弯举

　　牧师凳肱二头肌弯举是一种很好的针对性训练，通过牧师凳或专门器械进行练习。这项练习可以固定手臂，尽量减少其他肌肉参与工作。如果使用牧师凳，则要选择曲杆或直杆杠铃，身体前倾坐于凳子上，腋下固定于牧师凳上。

　　1.如果使用器械，双手抓住机器手柄，掌心朝上，双臂伸展。

　　2.缓慢弯曲双臂，将手柄或杠铃举至肩部位置。

　　3.当移动到最高点时暂停，默数1、2，然后挤压肱二头肌，缓慢回到起始姿势。

起始姿势

结束姿势

正握杠铃弯举

反握、掌心朝上是训练肱二头肌的最佳方法，但是正握、掌心朝下也是一种较好的训练方法，正握要求一定握力，防止重物从手中脱落。正握能加大对肱肌的刺激，同时腕屈肌的参与程度也增加了。正握肱二头肌弯举比牧师凳肱二头肌弯举的移动范围稍窄，学习正握肱二头肌弯举需要一段时间，可根据舒适度来选择直杆或曲杆杠铃。如果时间有限，又想同时训练肱二头肌和前臂，正握是一个不错的选择。

1. 正手握杠铃，掌心朝下，握距略大于肩，膝关节微屈。
2. 提起杠铃，横置于大腿上部，双肘紧贴身体。
3. 曲臂，将杠铃举至胸部位置。
4. 到最高点时，稍停，默数1、2，恢复起始姿势，放回杠铃。

起始姿势

结束姿势

仰卧肱三头肌臂屈伸

仰卧肱三头肌臂屈伸练习，又称为砸颅练习（skull crusher）。如果运用得当，可对肱三头肌进行有效的训练。可使用杠铃或哑铃进行这项练习，弧形杠铃抓握起来更舒适。

1. 仰卧于训练凳上，双手抓握杠铃杆，将其移至头后位置，双肘指向前上方，腋下夹角在90~120度，掌心朝上。

2. 伸展双臂，当充分伸展时，杠铃位于下巴正上方，而不是双眼正上方，肱三头肌始终处于紧张状态。

3. 最高点稍停，默数1、2，然后恢复起始姿势，杠铃位于头部后方位置。有人喜欢将杠铃置于额部，因此得名为砸颅练习。从安全和增加移动范围考虑，应将杠铃移至头后。

起始姿势

结束姿势

双杠臂屈伸

双杠臂屈伸是训练肱三头肌的最佳练习。双杠臂屈伸同时也训练胸部和三角肌前束。完成双杠臂屈伸，必须具备很强的力量和平衡能力。双杠臂屈伸的一个优点是可以利用自身重量。如果不能完成整组双杠臂屈伸，那么能做多少就做多少。假以时日，双杠臂屈伸会变得非常简单。

1. 身体位于双杠之间，双臂支撑体重，双臂充分伸展，置于体侧。

2. 屈肘，缓慢地放低自己在双杠之间的位置，直至双肘都形成一个90度夹角。

3. 暂停，默数1、2，然后下压双杠恢复起始姿势。

凳上反屈伸

如果大家练习双杠臂屈伸有困难，凳上反屈伸是不错的替代。

1. 双脚置于平凳上，双腿充分伸展，双手置于后方凳上，双臂与肩同宽。

2. 屈肘，缓慢放下身体，直至肘部呈90度角。

3. 稍停，默数1、2，下压双臂，恢复起始姿势。

窄握卧推

第5章已经讨论过胸部卧推，在完成这个动作时，肱三头肌也参与工作，为了加大肱三头肌的参与程度，可以采用窄握卧推，握距越小，肱三头肌激活程度越大。

1. 练习方式与常规的卧推相同，抓握杠铃，双手靠近，握距大约15厘米，为了加大难度，握距可进一步缩小，直至双手触碰。

2. 取下杠铃，做法与卧推相同，身体处于收紧状态。

3. 深吸气，鼓起胸部，下放杠铃，双肘保持内收，不要外展，与正常卧推相比，杠铃更靠近胸骨。

4. 当杠铃杆移动至胸部暂停，默数1、2，然后上推，同时呼气，恢复起始姿势。在上推过程中，重点使用肱三头肌，双肘内收，不要外展。

肱三头肌哑铃俯身臂屈伸

哑铃俯身臂屈伸是训练肱三头肌的流行练习，在运动过程中肘关节处于较高位置。

1. 前后站立，双膝微屈，身体前倾，右手置于右脚膝盖进行支撑，背部平直，左手持哑铃。肘朝后上方。

2. 尽量向后伸展左臂，充分伸展手臂会有一点不舒服，如果没有，肘关节位置可能还不够高。

3. 移动至最高点稍停，默数1、2，然后恢复起始姿势。

肱三头肌颈后臂屈伸

哑铃俯身臂屈伸的另外一种变化形式是：肱三头肌颈后臂屈伸，举手过顶进行相同运动。

1. 站立，双脚与肩同宽，或坐于训练凳上，后背平直，右手持哑铃，举铃过顶，肘置于耳侧。

2. 肘关节指向天花板，充分伸展手臂，哑铃从头后移至头顶。

3. 移动至顶点位置稍停，默数1、2，然后缓慢放下哑铃，置于头后，恢复起始姿势，可将头稍向前或向侧移动，以免碰撞。

肱三头肌绳索反握下拉

这个练习不常见，是肱三头肌下拉练习的变换形式，可选择手柄进行单臂练习，也可以选择拉杆进行双臂练习。

1. 面朝滑轮架，肘关节内收，紧贴体侧，掌心朝上，反握手柄，置于胸部高度。

2. 下拉手柄，充分伸展手臂。

3. 当手臂处于伸展位置时暂停，然后回到起始位置。

卷腕练习

卷腕练习几乎可以训练所有腕部肌肉，进行这项练习，可自做器材，器材由绳子、卷收棍、重物组成，将绳子一端系于卷收棍中间部位，将绳子另一端系在重物上。

1. 双手握住卷收棍，双臂前伸，肘关节微屈。

2. 双手交替运动，握杆滚动，将绳子绕于棍上，继续滚动，直至重物触碰卷收棍。

3. 控制重量，缓慢反向运动，将重物放下。

肱二头肌

直立练习时微弯双腿，缓解下腰受力，交错放置双脚，增加身体稳定性。负重远离身体时，需要更多力量来克服重量。

举重运动员所犯的最大错误是，利用惯性来启动杠铃或哑铃，用腰部制造动能冲力，造成身体后仰，将肱二头肌承受的压力转移给其他肌群。肱二头肌练习时，在难度最大的环节（通常是肘关节90度时），往往会投机取巧。通过冲力驱动负重，这样的训练效果并不理想。当屈臂难度加大时，要进行更加刻苦的训练，才会产生最佳的效果。

增强肱二头肌需要时间和耐心，不要轻易放弃，一切拉力训练都会训练肱二头肌，如果训练效果不明显，可以尝试在每周训练计划中加入1天专门训练手臂。没有哪个单一练习能够有效地对肱二头肌进行针对性训练，成功的关键是变化练习类型，同时充分利用肘关节的移动范围。另外，训练不要害怕请人帮忙，在遇到难处时，不要借用冲力，不要投机取巧，可以请同伴帮忙，在上举过程中身体保持直立，可以选用较重的负重，尝试完成10次，咬牙完成最后几次。

肱三头肌

训练方法得当是成功的关键。在进行各种肱三头肌的练习中，肘关节来回移动越少，对肱三头肌训练的针对性就越强，身体姿势要正确，保持收腹挺胸。许多举重者在进行肱三头肌练习中，感觉腹肌参与度较高，这是好事情，这意味着举重者身体姿势正确。

要使肱三头肌呈现马蹄外形，必须在关节整个移动范围内进行运动，使用较小的哑铃和负重。伸展双臂时，肘关节应稍微锁紧，不要用力过猛，将肘关节完全锁死。选用拇指锁扣式握姿，松握可以避免用力过度，但是必须握牢。然而，最重要的建议是确保杠铃片牢牢地固定在杠铃或哑铃上。在肱三头肌仰卧臂屈伸练习中，如果杠铃片滑落，就会马上想起一个词：砸颅练习。

虽然受伤的情况比较罕见，但是如果运动过量，可能出现鹰嘴囊炎，肘关节肿胀等现象。如果关节酸痛，就不要进行肱三头肌练习，如果在进行某种特定练习过程中感到疼痛，可以尝试不同握姿，有些练习造成肘部不舒服，但是其他练习则不会，这种现象并不奇怪。

抓握训练

在训练中不要忽略握力练习，网球、高尔夫、棒球、垒球或其他任何需要抓握击打工具的运动，尤其应该注意握力训练，使用负重越重，练习速度越慢，训练效果则越好。

— 在家练习

在家的阻力绳练习

如果训练目标是健身，在家有几种不同选择，如果希望肌肉尽快鼓起来，不去健身房就能获得想要的外观。用心寻找，在家中会发现各种训练工具，当理解了肌肉运动方式，就能找到方法给肌肉足够负荷，从而促使肌肉发展。

采用阻力绳臂弯举练习能有效训练肱二头肌。阻力绳练习的最佳方法是双手各抓手柄，身体站于中间。要训练肱三头肌，上拉阻力绳至肩部位置，伸展双肘过头，进行肱三头肌屈伸练习。不要忘记利用自身体重进行训练，将双手放在一起进行俯卧撑练习，可以充分训练肱三头肌。家中还有很多重物，可进行弯举训练，如双手抓住毛巾两端，毛巾中间悬挂物体，上拉毛巾两端，形成弯举运动，来训练肱二头肌。

在家训练前臂也很容易，可以自制卷腕器，进行前臂训练。家中几乎任何物件，只要足够重，就可以用来训练前臂，例如重锅、书本，甚至自家孩子也行。

上肢训练方案

任何拉、推和抓的动作都会训练到手臂，不论是进行高难度的卧推练习，抱孩子，做家务或收拾庭院，双臂都会参与工作，单独训练手臂比较困难。肱二头肌和肱三头肌是可以分开训练的，但是要进行整条手臂的训练，才能拥有完美的外形，具备日常工作所需的力量。如果训练刻苦，手臂肌肉就会增强，最终会变得非常发达。即使外形不是重点目标，这些迷你型练习也会帮助大家增强力量。要注意的是，高强度的手臂训练可能导致肌肉暴起，需要训练好几个小时才能休息，这也是炫耀肌肉的大好机会。以下训练计划旨在提供快速、高效的针对性训练。

表9.1　　　　　　　　　　　上肢训练方案

方案	练习	组数	次数	间歇
方案一	仰卧肱三头肌臂屈伸	2	10	90秒
	双杠臂屈伸	2	10	90秒
	21s*	2	7, 7, 7	两整组之间休息90秒
	绳索肱二头肌弯举	2	10	60秒
	腕弯举（掌心向下）	3	10	60秒
方案二	窄握卧推	2	12	90秒
	肱三头肌下压	2	8	60秒
	站姿肱二头肌弯举	2	12	90秒
	单臂哑铃弯举	2/每臂	8	60秒
	腕弯举（掌心向下）	3	12	60秒
方案三	肱三头肌颈后臂屈伸	2/每臂	8	90秒
	肱三头肌绳索反握下拉	2/每臂	12	60秒
	正握杠铃弯举	2	8	90秒
	哑铃弯举	2	12	60秒

*每组练习，先做7次前半段动作，再做7次后半段动作，最后做7次完整动作。

第 10 章

核心区训练

有教练认为核心区肌肉是自成一体的独立系统。在进行举、拉、抱、扔、踢、击或抓握物体时，双腿向下发力，通过核心区肌肉的连接作用，将力量传递给腿和手臂。训练核心区肌肉固然很重要，但是其重要性并非超过下肢强化训练。人们经常使用核心一词来指代腹部，实际上，臀部肌群、腹肌、下腰和上背部肌群，甚至还包括胸肌，都称为核心区肌肉。胸肌、背阔肌和臀部训练均会单独介绍，本章重点介绍腹肌和下腰肌训练。

腹肌主要负责身体躯干的弯曲、直立及骨盆稳定。分布在身体中间位置的主要腹肌是腹直肌，位于身体两侧的腹斜肌可以实现身体旋转，水平分布于腹部区域的腹横肌为身体姿势和移动提供支撑。

下腰疼痛和伤病对训练、运动表现和日常生活都会产生巨大影响，大约80%的人在一生中都会经历下腰疼痛问题，加强下腰肌肉可以避免很多伤病，所以训练计划都应包括低强度的下背部训练。

核心区肌肉训练，存在几种错误的观点需要更正。首先，局部减脂是一种谬论。其次，不需要昂贵的器械来训练腹肌和背部。再次，要拥有强壮的腹肌，并非一定要练出6块腹肌。

在日常生活和体育活动中，大部分运动都要求同时收缩腹肌和下腰，因此核心区肌肉的综合练习会变得更受欢迎，人体核心区肌肉常常通过收缩来保持身体的稳定性，静态支撑练习有利于增强核心区的肌肉力量。但是，只有将静态和动态练习结合在一起，才能改善肌肉外观，增强肌肉功能。

仰卧卷腹

一直以来，这项练习被称为仰卧起坐，但是现在已经得到了改良。仰卧卷腹的练习能减少颈部和下腰的损伤。研究表明，仰卧卷腹对于所有腹肌的激活效果不亚于其他任何一项练习，电视广告中的大多数腹部训练器的效果都比不上仰卧卷腹练习。

1. 仰卧，双膝弯曲，双脚分开，平放于地，与肩同宽，双手置于体侧，如果将双手置于头后，双手不能拉动颈部，以免造成颈椎损伤。

双臂置于两侧起始姿势

卷腹

2. 上卷躯干，中背部离开地面为止，下腰与地面接触，动作缓慢，动作过猛，腹肌参与会减少，而力量更强的屈髋肌群会被动员。

3. 运动至最高点时挤压腹肌，稍停，默数1、2，然后缓慢恢复至起始姿势。如果能在正确姿势下完成多次动作，可以增加难度，将双臂向体侧伸展来完成卷腹。

双手置于头后起始姿势

仰卧卷腹

背屈伸

　　背屈伸练习又称为山羊挺身，从弯腰姿势开始，收缩下腰肌、臀肌，甚至腘绳肌等肌肉来挺直躯干。大多数健身房会配备专门进行背屈伸练习的凳子，有一种背屈伸练习凳，人体与地面呈45度角，可用身体自重进行练习，要增加阻力，可以在上背系阻力绳，并对阻力进行调节。

起始姿势

挺直下背

1. 斜俯卧姿势，双腿前侧置于凳面上，臀部稍超过凳子末端，双脚固定，俯身下背部肌肉拉长，双腿与躯干呈90度角，双臂可置于头后、体侧或交叉于胸前。

2. 收紧下背肌肉，伸展身体，身体呈直线。

3. 当身体处于伸直位置时，稍停，默数1、2，然后缓慢恢复至起始姿势。

起始姿势

向上伸展

可选练习

扭转卷腹

仰卧卷腹的一种最受欢迎的变换练习是扭转卷腹。这个动作能加大对腹外斜肌的刺激。练习动作要缓慢准确，如果速度过快，腹肌将得不到充分的训练。

1. 仰卧，屈膝，双手置于头后，双肘向体侧张开。

2. 卷腹，在运动到顶点附近时扭转腰部，一侧肘关节向对侧膝盖移动。

3. 向相反方向重复上述运动。

侧向弯腰

侧向弯腰侧重对腹外斜肌的训练。

1. 站立，双脚分开，与肩同宽，双膝微屈。

2. 双手各持哑铃，双臂伸直，置于体侧，缓慢侧屈，可每次只训练身体的一侧。

单手持哑铃，另一手置于头后，保持身体平衡。

骨盆举

骨盆举能训练整个腹部区域的肌肉，还能安全有效地加大下腹部训练强度。如果背部疼痛就不建议进行该项练习。

1. 躯体仰卧，抬起双腿，脚踝交叉，双膝微屈，脚跟指向天花板。

2. 收缩腹肌，抬起臀部，离开地面。

3. 当移动至最高点，稍停，默数1、2，不要进行大幅度移动，离开地面几厘米即可。用快速移动髋关节来增加移动距离的做法不可取。

反向仰卧卷腹

虽然还没有证据表明下腹部可以进行单独训练，但是在进行卷腹变换练习时，可以真切地感受到下腹在进行单独运动，反向仰卧卷腹可训练整个腹腔壁肌肉，如果下腰没有伤病，这项练习能有针对性地发展腹肌。

1. 躯体仰卧，头、肩、臀着地，抬起双腿，脚踝交叉，屈膝呈90度角。

2. 将双膝拉向胸部，收紧腹肌，将臀部拉离地面。

3. 最高点稍停，默数1、2，然后恢复起始姿势。

该练习的变换形式包括双重卷腹和药球卷腹。双重卷腹将仰卧卷腹和反向仰卧卷腹的动作结合为一体，依次进行胸部和臀部离地练习，双膝和双肘距离较近，有些人将这项练习称为蛤式卷腹；另一种变换形式是将药球或小稳定球夹在腘绳肌和小腿之间，然后进行反向卷腹练习，球体位于膝关节后方。

罗马尼亚硬拉

硬拉是举重运动员进行的纯力量型练习。教练们喜欢对硬拉练习进行修改，以罗马尼亚硬拉练习为例，这种练习可以降低下腰承受的压力。罗马尼亚硬拉要求练习者具备基础性的力量以及良好的技术，这项练习的关键是让杠铃杆尽量靠近身体，如果杠铃杆离身体太远，或者身体的姿势出现问题，都可能对背部造成很大伤害。如果背部疼痛就不建议进行这项练习。

1. 站立，双脚分开与肩同宽，身体与杠铃垂直，杠铃置于小腿前面，屈体，保持10~20度的屈膝。双手抓握杠铃，握距略大于肩宽，掌心朝后。在运动过程中双臂充分伸展，挺胸，上拉杠铃，双腿双臂收紧。

2. 缓慢上拉杠铃，双臂紧锁，背部挺直，沿着双腿方向上拉杠铃，直至腰部位置，双臂充分伸直，上举过程中杠铃杆尽可能贴近身体。

3. 缓慢放下杠铃，不要扔下杠铃，控制速度，躯干始终收紧。

该练习的变换形式可利用身体自重进行练习，动作不变，仅利用躯干上部重量作为阻力。

消防栓旋转练习

消防栓旋转练习能使腹部和下腰肌肉参与运动。这项练习常常被认为是一项核心区肌肉的练习，但也可以用来训练臀肌和臀部周围的肌肉。

1. 双手着地，双膝跪地，均匀分配身体重量，背部挺直，与地面平行。

2. 向外侧抬起左腿膝关节，该动作有一个非常形象的名称：公狗撒尿。膝关节向身体外侧移动，与躯干同高时稍停，默数1、2，然后以可控的方式恢复至起始姿势。在运动过程中，身体躯干不能旋转。

其变种是旋转髋关节，而不是身体躯干。该练习方法与消防栓旋转基本相同，但膝关节只能进行小幅度的旋转，膝关节始终为90度。另一种方法是膝关节呈45度角，能进行大幅度旋转，旋转10次，将腿放下，然后换另一条腿进行练习。

平板支撑

平板支撑是训练核心区肌肉的练习，这是一项静态练习，练习者要求坚持30~60秒。

1. 俯撑，双肘支撑身体重量，双肘位于双肩正下方，不能内收至胸部下方。

2. 双手落地支撑，身体离开地面，呈桥式，利用前臂和脚趾支撑身体重量，收紧躯干，臀部不能撅起，躯干挺直，身体呈直线，犹如平板。

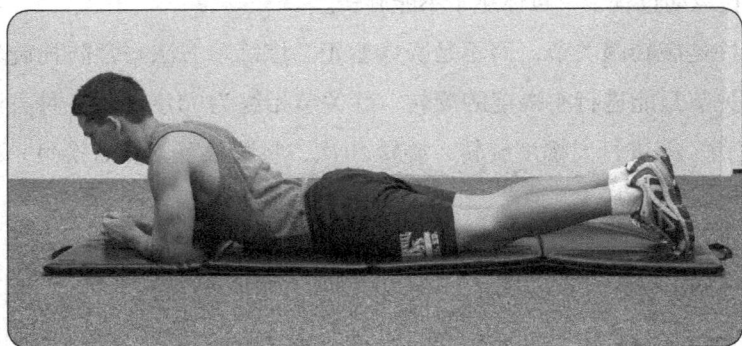

肘掌平板支撑

为了增加难度，可以通过动态平板支撑练习来强化核心区肌肉的训练，在常规平板支撑练习基础上，辅以手撑与肘撑交替变化，身体呈直线。练习10~20次。

1. 肘撑平板姿势，前臂和脚趾支撑身体重量，躯干呈直线

2. 躯干收紧，依次转换成掌支撑，双臂伸直，呈俯卧撑姿势。

3. 掌撑姿势稍停，默数1、2，依次转成肘撑，放低身体，恢复肘部支撑。

4. 重复上述动作，把握节奏，增加转换速度，身体收紧，呈平板姿势。

转动平板支撑

转动平板支撑是一项高级的核心区肌肉练习，要求练习者具备很强的平衡能力和力量。在平板支撑基础上，向侧面转动，用单手单脚进行支撑，支撑稳定性减少，身体不能摆动，可以选择同侧重复练习或两侧交替练习，每侧重复训练10次为宜。

1. 以掌撑平板支撑为起始姿势。

2. 身体重心移至右掌右脚，向左滚动，向外侧伸展左臂。

3. 身体呈T字形，左臂充分伸直指向天花板，左脚并于右脚之上。

4. 控制速度，保持身体姿势，恢复起始姿势。

超人练习

超人练习重点训练核心区肌肉。超人练习已经成为一种常规练习，通过肌肉动态收缩形成超人姿势，通过静态稳定能力来保持这个姿势。

1. 俯卧，腹部支撑，双臂上举，两腿充分伸直。

2. 收缩臀肌、腘绳肌和肩部肌肉，将双臂和双腿抬离地面，身体保持平衡，做出类似超人飞行的夸张姿势。

3. 最高点稍停，默数1、2，然后恢复起始姿势，在上举过程中，躯干收紧，双膝和双臂离开地面。

超人练习的变换形式是超T练习，超T练习双臂向外伸展，置于体侧，类似字母T。

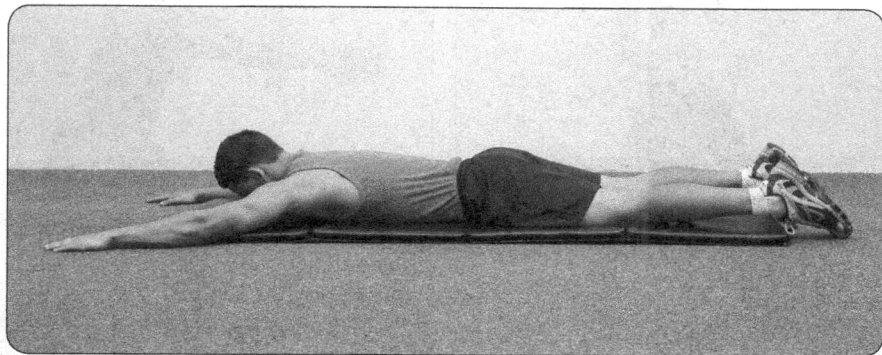

站姿转体

大多数日常活动都涉及站立、移动和扭转，应该训练核心区肌肉，提升平衡力，增加身体力量。

1. 抓握药球、哑铃或滑轮阻力绳，双腿分开站立，双脚距离约为肩宽两倍，双臂前平举，紧锁。

2. 旋转髋关节，上体侧转。

3. 来回旋转。

斧劈

这是一项有效的站立练习，要求整个身体参与。进行这项练习，可以选用药球、哑铃、滑轮阻力绳。斧劈是一项较难的练习，初学者动作宜慢。

1. 双腿分开站立，双脚距离约为肩宽两倍，双手抓握药球上举，双臂紧缩伸展。

2. 旋转身体，将药球移动至对侧膝盖，球体横跨身体，类似伐木，身体收紧，屈体。

健身房练习

降低速度

要更好地训练核心区肌肉，一定要放慢动作速度。在进行卷腹练习时，控制上体，缓慢上升，降低动作速度，可以减少其他肌肉发力，从而加大核心区肌肉训练效果。

躯干挺直，下巴勿收。要增加腹肌耐力，可增加每组练习次数。如果训练目标是增强力量，可以通过改变手臂位置或增加负重来增加阻力，高水平举重者可以使用药球来增加核心区肌肉训练难度。

背部疼痛时不要训练核心区肌肉，核心区肌肉形状改造所需的时间比肌肉力量增长要长得多。

预防背部损伤

损伤是所有背部练习最大的担忧，背部练习动作要慢，各种直腿硬拉练习中，握杆要靠近身体，握杆离身体越远，腰椎间盘承受的压力就越大，完成一组练习后，做一做腰部的伸展练习，稍微增加休息时间。收缩腹肌保持躯干挺直，有助于身体稳定。除非医生嘱咐使用负重腰带，否则不要在背部练习中使用负重腰带。背部练习的目的是增强核心区肌肉，而负重腰带会削弱训练效果。如果腰部疼痛就不建议进行腰部训练。如果疼痛持续两天以上，应该去看医生。

在家练习

创新核心训练

腹肌和背部练习只要利用身体自重就够了，任何地方都可以进行各种核心区肌肉练习。如果要增加阻力，大家需要发挥想象力，可以用罐头等其他重物代替哑铃，可以选择一个价格不菲的花瓶作为负荷，尝试保持花瓶不摔落，对自己提出挑战。使用毛巾、阻力绳、甚至沙发或床等其他形式的阻力，自己就能在家进行本章介绍的所有练习。对想挑战难度的练习者来说，可以尝试让小孩坐在背部进行平板支撑练习。

核心区训练方案

可以在常规训练结束后，加入核心区练习，也可单独进行核心区练习，将其穿插于整个训练过程中。方案一和方案二以地面为练习为主，不受地点和时间的限制。

表10.1　　　　　　　　　　　核心区训练方案

方案	练习	组数	次数	间歇
方案一	仰卧卷腹	2	12	60秒
	反向仰卧卷腹	2	12	60秒
	扭转卷腹	2	12	60秒
	超人练习	2	12	90秒
方案二	平板支撑	2	每组130秒	90秒
	转动平板支撑	3（每侧）	8	60秒
	消防栓旋转练习	3（每侧）	10	60秒
方案三	罗马尼亚硬拉	2	12	90秒
	背屈伸	2	10	90秒
	斧劈	2	10	75~90秒
	站姿转体	2（每侧）	10	75~90秒

第 **11** 章

臀部肌肉和髋关节训练

臀大肌、臀中肌和臀小肌统称为臀部肌肉，组成了臀部的主要肌肉。这些肌肉和腘绳肌一起共同完成伸髋。臀中肌在大腿外侧阔筋膜张肌和缝匠肌等肌肉的帮助下，完成髋外展。大腿内侧股薄肌和大收肌则负责将腿向内回收。髋关节前侧的腰大肌和髂肌帮助膝关节向胸部移动。上述肌肉群作用于髋关节，实现移动和稳定功能。

很多家用训练器材商通过电视导购节目，试图让观众相信臀部肌肉、髋关节和腿部肌肉可以进行单独训练，从而燃烧过剩脂肪，甚至鼓吹训练器械具有单独训练臀部肌肉，使得这些肌肉变得结实紧致的作用。对不起，我要揭穿这种不切实际的广告，局部减肥是一种谬论。即使大部分健身俱乐部中的臀部训练器，最先刺激的也是股四头肌，而并非臀部肌肉。只有单独的髋关节伸展、内收和外展才能有针对性地训练臀肌。臀大肌负责髋关节的伸展，伸髋是臀部的主要运动，可对臀肌以及其周围肌肉进行高强度训练。

腿举

在腿举练习出现之前，下蹲是所有力量和肌肉训练的主流练习，被称为练习之王。因为下蹲练习学起来有一定难度，所以我们先从介绍腿举练习开始，第12章再介绍下蹲以及股四头肌练习。腿举有不同练习类型，每种练习训练相关肌肉。腿举练习的关键在于选择舒适的器械，减少后背承受的压力。腿举可以训练下肢几乎所有的肌肉，其中，臀肌和内收肌刺激强度最大。

开始姿势：双膝置于胸部或双腿伸直，这取决于所使用的机器。当双腿弯曲时，大腿与脚踏板平行，伸展阶段，轻锁双膝，不要用力过猛。

起始姿势

缓慢伸腿

1. 如果起势姿势是双腿弯曲，高抬双腿置于脚踏板上，脚尖稍朝外，脚的位置在整个上举过程中都至关重要，脚尖指向外侧有助于保持正确的身体姿态，实现正常的移动路径，避免双膝扭曲和内拧，双腿之间的距离越远，内收肌刺激就越大。

2. 缓慢稳定，伸直双腿，不要在运动到顶点时弹腿，不要让双膝移动越过趾尖，小腿与脚踏板垂直，腹肌和下腰收紧，躯干稳定，身体挺直，抬头挺胸。

3. 运动到最高点时稍停，默数1、2，缓慢屈膝，收双膝于胸部，下落时控制速度。

充分伸展

恢复起始姿势

可选练习

凳上跨步

平衡能力、协调能力和意志品质是这项练习的基本要求。大多数人每天都需要爬楼梯，这项练习似乎很简单，同时也难以看出如何从这项练习中获益。如果练习方法得当，这项运动可以动员股四头肌参与，同时对臀肌产生良好的刺激作用。有氧练习中的正常迈步对于发展臀肌力量作用不是很大。用于力量训练的上跨步练习，选用标准高度的凳子或箱子，高度介于30至45厘米。

1. 前腿置于台子顶部，大腿与地面平行，身体微微前倾，前腿用力下压，后腿不要发力。

2. 前腿支撑，直至充分伸直，刚开始练习时，后腿可以辅助保持身体平衡，当习惯后，把训练重点放到前腿臀肌上。

3. 缓慢向下，恢复起始姿势，可以交换前后腿，也可以继续使用同一条腿完成整组练习，一次训练一条腿，后腿不要蹬地，而只控制身体，尽可能依靠前腿完成动作。如果要增加练习难度，可以加持哑铃，甚至杠铃。

髋屈伸

　　大多数伸髋训练器械都可以调节移动范围，移动范围越大，臀肌参与越多，调整滚垫设置，让双膝接近胸部，要求练习者采用卧姿的器械，可同时训练双腿，要求采用站姿的器械，一般一次训练一条腿，不论采用站姿或卧姿，只要髋关节进行较大范围的运动，臀肌就能得到训练。

　　1. 仰卧，将滚垫置于双膝之下，双膝位于胸部位置。

　　2. 下压滚垫，完全伸展髋关节和双腿，躯干挺直，缓和用力。

　　3. 髋关节充分伸展，稍停，默数1、2，然后恢复起始姿势。

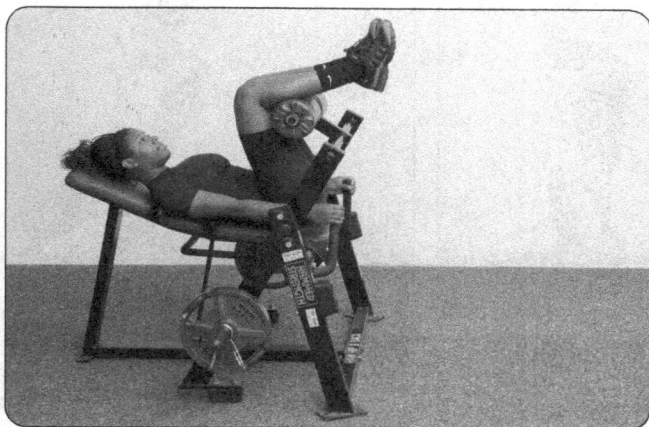

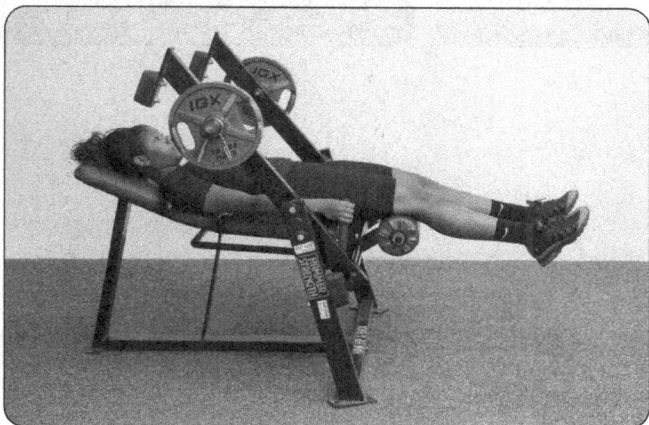

低位绳索后踢

可用低位滑轮绳索拉力器，进行臀肌和髋关节练习。低位绳索后踢、绳索侧向上举、绳索内收肌上举和绳索臀肌上举组成臀部肌肉训练的4种方法。进行低位后踢，可在绳索拉力器上，安装一个低位滑轮绷带，让滑轮置于地上。

1. 面对器械站立，将滑轮绳索绕于脚踝，身体重心置于另一条腿上。

2. 对抗阻力，后拉连接绷带，身体挺直，移动范围越大，对臀肌的刺激就越大。

3. 对抗重力，缓慢恢复起始姿势。

绳索侧向上举

可以使用低位滑轮做大腿外展内收动作，训练内收肌、外展肌和臀屈肌。

1. 侧对器械站立，将连接滑轮绳索绕于脚踝处。

2. 侧向展腿，远离身体。

3. 对抗负重，缓慢恢复起始姿势。

绳索内收肌上举

可以使用低位滑轮训练大腿内侧的内收肌。

1. 侧对器械站立，将连接滑轮绳索绕于脚踝。

2. 内收大腿至交叉位置。

3. 对抗拉力，缓慢恢复起始姿势。

绳索臀屈肌上举

大多数人都不考虑屈髋肌群的训练，因为它们并不像包子一样隆起，也没有额外脂肪。屈髋在日常生活中很重要。为了保持身体稳定，将凳置于一侧，手扶住凳子。

1. 背对器械站立，将低位滑轮绳索绕于脚踝。
2. 直腿前伸，踢至与地面平行，训练屈髋肌群。
3. 缓慢恢复起始姿势。

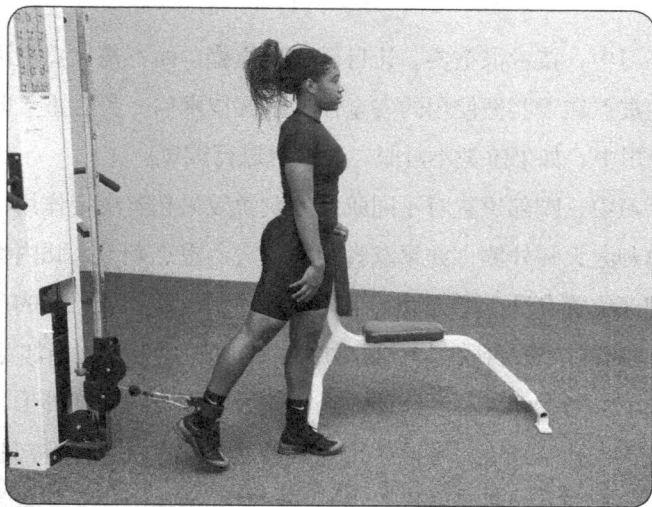

加强臀部训练

　　加强髋关节囊可提高身体平衡能力及增加肌肉力量。增强臀部肌肉力量不仅能拥有漂亮的外形，提高下肢运动速度和力量，而且还能降低晚年髋关节骨折风险。想拥有紧致的臀部肌肉，就要对这些肌肉进行深度训练，增加其移动范围。如果腿举练习强度太大，膝关节承受不了，可以尝试有针对性的单腿练习。动作不宜过猛，要使用四个方向的练习训练臀部肌肉，而不应该只关注大腿肌肉的训练。

　　在腿举练习中，技术很重要。让自己远离负重，而不是让负重远离自己，训练之初，关注重点在于器械使用的安全性，掌握技术后，关注重点向克服负重转移。在器械使用中，如果感觉不舒服，要及时进行调试。

　　在腿举练习中，脚部位置对不同肌肉的刺激效果起着决定作用，如果双脚靠近，会更多地刺激大腿外侧，如果双脚距离较大，重点刺激大腿内侧、腘绳肌和臀肌。改变脚部位置有助于增强髋关节的稳定性，也增加了练习的多样性。如果采用腿举或下蹲练习来改善臀部力量和外形，双脚距离应该适当加宽。

　　一般情况下，力量训练移动应该流畅匀速，以便改善臀部外形，提高肌肉力量。然而，对于运动员来说，可以使用更具爆发力的方法，使臀部肌肉提高反应速度，加大步伐移动，提高跳跃爆发力。开始时要循序渐进，一旦掌握了训练技巧，就可以增加练习的速度，最终以最大速度进行练习。在训练计划中加入几个速度较快的动作，有助于提高爬楼总跨距，增加弹跳力，但是建议不要一成不变地使用爆发式练习。

　　必须经过较为艰苦的训练才能拥有出色的臀肌和腿部肌肉，这些训练一开始比较困难，随着训练量的增加，训练效果会逐渐显现。必须注意身体反应，如果背部疼痛，不要继续这些练习。耐心是一种美德，身材走样不是短时间发生的，所以要重新拥有好身材也需要时间。对于这个部位的训练，应该将其视作一项长期工程。

在家练习

以臀部为目标

阻力带是在家训练的理想工具，在家中，使用阻力带进行内、外、前、后四个方向的臀部肌肉训练比较容易，而进行类似腿举之类的练习难度可能较大。在家训练臀部肌肉和股四头肌时，可使用自重进行练习。

在臀部肌肉单独训练时，要找到一个不使用腿部肌肉的练习可能很难，而在家训练时，只要改变脚部位置可能就能解决这个问题，对于很多人来说，使用负重深蹲难度会很大，使用身体自重难度就会减少。采用大开立姿势可以更多地激活内收肌参与运动，当大腿处于水平或低于水平位置时，臀肌被大大激活，与股四头肌一起完成蹲起练习，在家训练的头号练习是大开立深蹲，其对臀部和股四头肌都有刺激作用。

大开立深蹲练习时，双腿分开，双脚距离不低于两倍肩宽。下蹲过程中，臀部后移，直至大腿处于水平或略低于水平的位置，当移动至最低点，腿朝地面发力；直立过程中，收臀，直至髋关节充分伸展稍停，默数1、2，然而再重复11次。

髋部训练方案

髋部训练包括腿举、低位绳索后踢、侧向绳索上举、内收肌绳索举和臀屈肌绳索举等。组合训练还可以采用股四头肌和腘绳肌练习。

表11.1 髋部训练方案

方案	练习	组数	次数	间歇
方案一	腿举	2	8	2分钟
	凳上跨步	2（每条腿）	12	90秒
	髋屈伸	2（每条腿）	10	60秒
	绳索臀屈肌上举	2（每条腿）	10	60秒
方案二	凳上跨步	2（每条腿）	8	2分钟
	腿举	2	12	2分钟
	绳索内收肌上举	2（每条腿）	12	60秒
	绳索侧向上举	2（每条腿）	12	60秒
方案三	髋屈伸	2（每条腿）	10	90秒
	绳索侧向上举	2（每条腿）	10	90秒
	绳索内收肌上举	2（每条腿）	10	90秒
	绳索臀屈肌上举	2（每条腿）	10	90秒

第**12**章

股四头肌训练

肌肉平衡发展，不仅是前后平衡，还包括上下平衡。有些练习者过度关注上肢训练，而忽视下肢训练，双腿细的像筷子一样。股四头肌由4块肌肉组成，其中股外侧肌、股内侧肌和股中间肌有伸小腿功能，股直肌跨越髋膝两个关节，具备屈臀与伸小腿功能。股四头肌中各块肌肉的起点并不一致，但是都在膝盖汇集。关于股四头肌中的各块肌肉能否单独训练有多种说法，有一种观点认为可以单独训练股四头肌中的外侧或内侧肌肉，但是支持此观点的证据大多数都是道听途说。研究表明，通过调整双脚位置，可以对股四头肌各块肌肉进行针对性训练，如果时间有限，应该重点关注举重动作本身，而不是控制脚部位置。如果时间充足，可以尝试改变脚部的位置，脚外展更多地训练股内肌，脚内收则增加对股外肌的刺激。谨记：使用正确的动作方法比尝试单独训练某个肌肉更为重要。

主要练习

下蹲

　　下蹲是抗阻练习之王，能够高强度训练股四头肌。在尝试下蹲练习前，需要具备良好的基础力量，力量与灵活性较差的练习者应该先进行徒手下蹲，再过渡到较轻的负重练习。初学者可以利用台阶进行徒手下蹲来学习正确的练习技巧。对于有经验的练习者，通过渐进负荷的下蹲练习，可以取得很好的训练效果。

　　准备和保护是影响下蹲练习效果的重要因素，应该始终选择带有安全截阻的负重架进行下蹲练习，在出现失误时，安全截阻可以发挥作用。和同伴一起训练最好，可以相互辅助。对于次最大负重的保护，最佳做法是对杠铃杆施加较小的力量，不要干扰练习者动作。对于较重负重保护，同伴应该站在正后方，让练习者恰好有足够空间下蹲，准备为练习者腰部和胸部周围提供支撑。如果需要给予更多的保护帮助，同伴可利用身体贴近练习者后背，手臂交叉置于练习者前胸，帮助其完成负重站立动作。由于练习者和保护者之间需要身体靠近，因此找自己熟悉的人进行辅助为好。当高水平练习者举起非常重的负重时，可能需要多个训练辅助者，负重太大，可能需要多个人进行保护帮助。在练习中，不宜过于依赖安全截阻来规避相关问题。

　　1. 为了安全起见，应该采取向前移动的方式进入负重架，取下负重，后退，再进行练习，练习结束后向前移动放回负重。从架子上取下负重时，使用锁式握法将杠铃横置于斜方肌和肩部，直立身体，向后两个小拖步，取下杠铃，抬头，下巴朝前，挺胸，两脚距离大于肩宽，脚趾稍朝外。

　　2. 深呼吸，收紧腹肌和背肌，身体稳定，臀部后移，降低重心。常见错误是重心降低时先屈膝。

　　3. 向后移动臀部，继续向下降低重心，直至大腿与地面平行，身体收紧直立，膝关节不要越过脚尖，背部挺直，抬起下巴，目视前方，勿往下看，蹬起过程中始终直腰。

4.当移动到最低位置时稍停，默数1、2，恢复起始姿势，锁紧膝关节。

下蹲练习中，经常改变支撑方式能起到很好的训练效果。通过增大双脚距离，可以加大对臀肌和内收肌的刺激，增加臀部内部支撑力。减少双腿距离，可以加大对股四头肌外侧肌肉刺激，加强髋关节和膝关节的稳定力量。这些练习除了调节脚步位置，其他基本技术与下蹲练习完全相同，建议在已经具备较好背部力量的情况下，再来尝试调整脚步位置，脚步位置改变会增加下腰压力，提升损伤概率。在训练实践中，先进行2~3组正常的下蹲练习，然后进行不同脚步练习，强化臀肌和股四头肌的训练。

起始姿势

退让下蹲

可选练习

前蹲

前蹲看起来只是将杠铃从肩背部移至肩锁骨部，但这一小小的变换却改变了一切，当杠铃杆置于肩背部时，可以让腰部前倾保持身体平衡，这种前倾动作更多地依赖臀肌发力，但是要单独训练股四头肌，要尽可能少动员臀肌。相反，前蹲练习中，杠铃杆置于身体前面的肩锁位置，练习者被迫采用相对直立的姿势，否则会致使练习者向前移动，甚至导致杠铃脱落。这样就减少了对臀肌的刺激，增加了股四头肌的负荷。初学者可使用诸如史密斯架的器械来练习，然后再使用自由负重练习。进行这项练习，应调整杠铃杆高度，使其略微低于锁骨位置，直立身体就能将杠铃抬起，便于从负重架上取下。除了正常的下蹲练习，可以调整脚步位置，对不同肌肉进行针对性训练。

1. 调整姿势将杠铃杆置于锁骨位置，双手握距略大于肩。如果双手都能抓住杠铃杆，将杠铃杆横置于掌上，掌心向上，握紧双手。手臂较粗或灵活性较差的练习者可以使用交叉手法，双臂置于对侧肩膀位置，掌心朝下，双手抓住杠铃杆，横置于锁骨部位。这并非最佳姿势，肩部肌肉必须支撑杠铃杆。

2. 常规下蹲练习一般先移动髋关节。但是前蹲练习主要通过屈膝下蹲，上体挺直。

3. 降低身体重心，直至双腿与地面平行，然后恢复起始姿势。如同所有的抗阻举重练习一样，运动到最低点时不宜进行反弹借力动作。

单腿下蹲

　　单腿下蹲是一项效果较好、难度较大的练习，必须先掌握正确技术后才可以尝试，这项练习运动方式类似于下蹲练习。深蹲后站立过程中，左右臀肌趋于一起发力。在单腿单独练习中，臀部肌肉较难参与运动，上体可以采用更加直立的姿势进一步减少臀肌参与，以增加股四头肌负担。这项练习主要采用徒手练习，掌握技术后逐渐采用哑铃、杠铃或其他形式的阻力。在单腿练习中，每组做15次下蹲，然后换腿进行重复练习，体会股四头肌疲劳的感觉。

　　1. 将一条腿置于身后凳子上，另一条腿支撑身体全部重量，脚落于身体前方，类似弓步下蹲。

　　2. 下蹲时，首先屈膝，而不是屈髋，身体直立。

　　3. 躯干收紧，尽量深蹲，最低点稍停，默数1、2，恢复起始姿势。

　　对于平衡能力和力量都很好的练习者，可以尝试将非运动腿置于体后，身体略前倾，减少重心下降幅度。如果把非运动腿置于体前并尽量进行深蹲，其练习难度更大。

哑铃下蹲

哑铃下蹲既可以训练臀肌也可以训练腿部肌肉，训练重点主要取决于：哑铃位置、身体躯干姿势、髋关节角度。如果双脚距离较近，哑铃靠近身体，身体直立，股四头肌受到的刺激较大；如果双脚距离较大，哑铃稍微靠前，类似硬拉姿势，则臀肌参与较多。对于股四头肌的任何练习，身体控制是最重要的因素。

1. 手持哑铃，置于体侧，侧重训练股四头肌；手持一只哑铃，将其置于两腿之间，两腿距离较大，侧重训练臀肌。

2. 控制下蹲动作，在保持舒适的情况下尽量深蹲。

3. 最低点稍停，默数1、2，然后恢复起始姿势。

腿屈伸

要进行完整的腿部训练，必须使用腿部伸展器进行难度较大的练习。腿部伸展器可以进行单腿训练，也可以同时训练双腿，训练双腿的效果更好。

1. 调整器械座位，双膝与旋转轴对齐，将小腿前部置于支撑垫下，记住设置，方便今后使用。如果机器配有腰带，请使用腰带，尤其是大强度训练时，很有必要使用。

2. 压推支撑垫，直至双腿充分伸展，与地面平行，锁紧双膝，也可以放松不锁，大腿处于收紧状态，负重伸腿时不要用力过猛，上体始终不离开靠背。

3. 最高点稍停，然后以缓慢可控的方式放下负重，下降时切勿自由落下，这样会减少股四头肌做功。

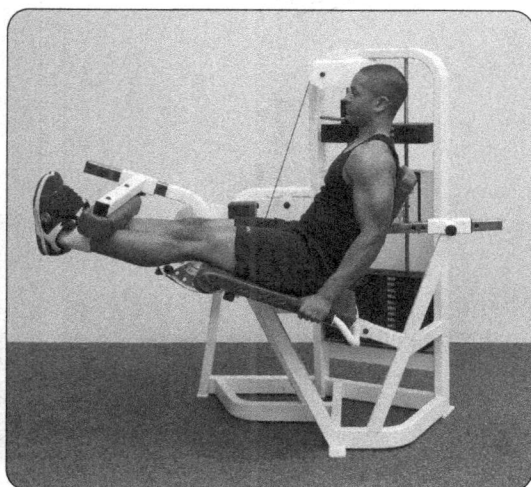

前后分腿蹲

如果没有腿部伸展器，分腿蹲练习是很好的选择，分腿蹲练习既能增强腿部肌肉力量，又能训练身体的稳定性和平衡力。

1. 直立，双臂置于体侧，双手持哑铃，可以用杠铃代替哑铃，将杠铃横置于斜方肌与肩部位置，使用锁式握法，两腿分开，与肩同宽，有助于保持身体平衡。

2. 一条腿向前迈1米，屈膝直至大腿与地面平行，前腿膝盖不越过脚趾尖，后腿膝盖离地面一拳，

3. 移动到最低位置时稍停，默数1、2，前腿发力蹬地，恢复起始姿势。

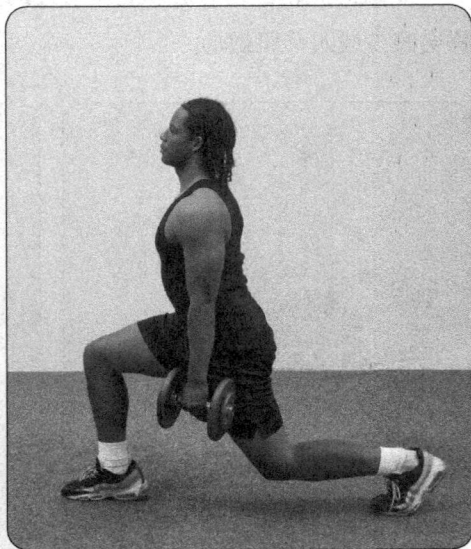

行进分腿蹲

行进分腿蹲练习是前后分腿蹲的一种高级形式，必须先掌握分腿蹲练习，再进行行进分腿蹲练习，行进分腿蹲练习的起始姿势与前后分腿蹲相同。

1. 直立，双臂置于体侧，双手持哑铃，或将哑铃置于肩部，向前迈步，步距大小以舒适为宜，大约为1米，双腿横向距离与肩同宽。

2. 向前屈膝，直至大腿与地面平行，前腿膝盖不越过脚趾尖，后腿膝盖离地面一拳。

3. 至最低点时稍停，默数1、2，身体微微前倾，为下一个重复动作提供向前动力。

4. 后腿向前迈一步，步距大小以舒适为宜，屈膝直至大腿与地面平行，重复练习。

健身房练习

股四头肌训练提示

这里有两个重要的建议可以安全有效地训练股四头肌。第一，训练时尽量不使用腰带、绷带或特殊工具。第二，在使用杠铃时，确保杠铃杆上下垂直移动，水平移动尽量减少，弓步行走练习除外，杠铃做任何水平移动，说明动作技术有待提高。

在刚开始训练时，可以利用身体自重，学习正确的动作技术，然后再使用负重工具进行练习。不要认为只有举起大负重才能获得力量训练效果，比大负重更为重要的是控制负重，并掌握正确的动作技术。

在家练习

在你的地盘训练股四头肌

本章介绍的几种练习方法都适合在家训练。徒手下蹲、分腿蹲都是训练股四头肌的较好的练习方法，不需要哑铃就能进行这些练习，还有一些别的练习方法，如背起孩子，背起装了汤罐头或其他重物的背包，也可以双手分别抓住阻力绳手柄，将阻力绳中段位踩于脚下，用力蹬腿等。

股四头肌训练方案

表12.1提供了几种股四头肌的训练方案。记住，努力训练以后再玩。

表12.1　　　　　　　　　　股四头肌训练方案

方案	练习	组数	次数	间歇
方案一	下蹲	2	8	2分钟
	单腿屈伸	2（每条腿）	12	90秒（同一条腿训练）
	腿举	2	12	90秒
方案二	前蹲	2	8	2分钟
	行进分腿蹲	2	8（每条腿）	2分钟
	腿屈伸	2	12	90秒
方案三	单腿下蹲	2（每条腿）	10	2分钟（同一条腿训练）
	哑铃下蹲	2	12	90秒
	前后分腿蹲	2（每条腿）	8	90秒

第**13**章

腘绳肌训练

腘绳肌是位于大腿后侧的多块肌肉，是膝关节屈肌，在功能上与股四头肌相反。腘绳肌的三块肌肉同时跨越髋关节和膝关节，负责屈膝关节和伸髋关节。当股四头肌没有处在最佳位置时，腘绳肌对髋关节的伸展发挥着重要作用。如果不需要膝关节发挥作用时，那么腘绳肌会发力帮助臀肌伸展髋关节。

腘绳肌经常受到忽视，从而导致训练不足，成为身体中拉伤频率最高的肌肉。正确训练腘绳肌会促进肌肉的平衡发展并减少下腰压力，下腰各种问题往往与腘绳肌乏力和缺乏灵活性有关。在开始阶段训练腘绳肌时，下腰很可能出现疼痛，假以时日，下腰会变得强壮，腘绳肌也将得到锻炼。

主要练习

俯卧腿弯举

腘绳肌训练的常规练习是俯卧腿弯举，建议选用能小幅度屈髋的器械，这种器械可以降低训练中投机取巧的可能性，提高腘绳肌训练的针对性。在器械上可以进行单腿训练，但是与腿部伸展练习一样，如果同时训练双腿效果更好。

起始姿势

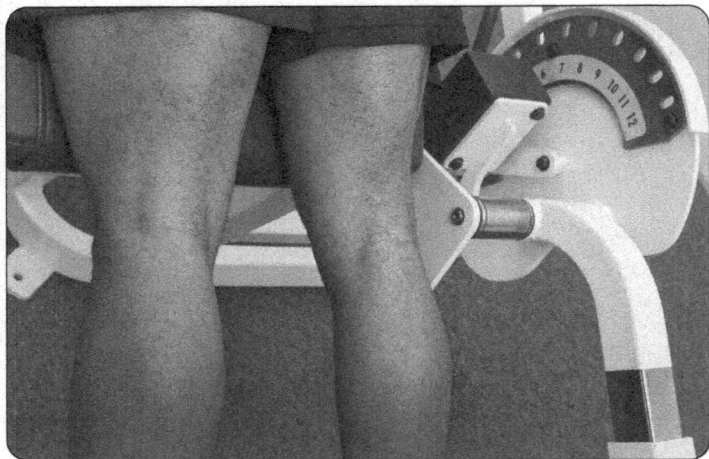

双膝与器械位置关系

1. 俯卧于器械，双腿充分伸展，支撑垫位置略低于小腿肚，双膝与凸轮旋转轴中点对齐。确保阻力合理分配。

2. 将脚后跟提拉至臀部，运动至最高点时挤压腘绳肌和臀肌，稍停，默数1、2。

3. 以可控的方式放下负重，恢复起始姿势。

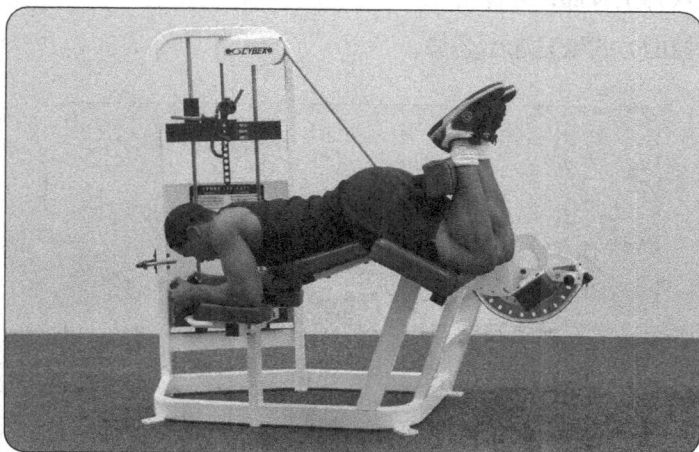

提拉脚后跟至臀部

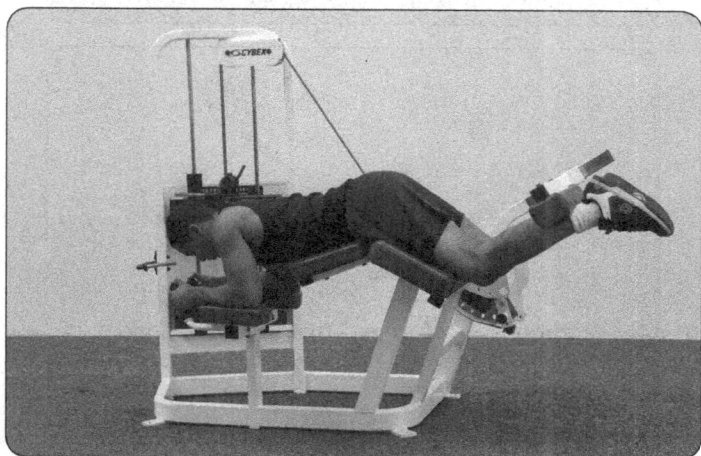

恢复起始姿势

坐姿腿弯举

出于舒适考虑，可以坐姿训练腘绳肌。从发力来说，坐姿比卧姿力量大，卧姿移动范围相对偏小，坐姿练习代替俯卧腿弯举练习，更容易启动和结束练习，便于调整负荷，调整动作速度。

1. 双腿伸直置于体前，支撑垫置于小腿肌肉下方跟腱位置。

2. 后拉双脚至臀部，并保持。

3. 以可控的方式恢复起始姿势。

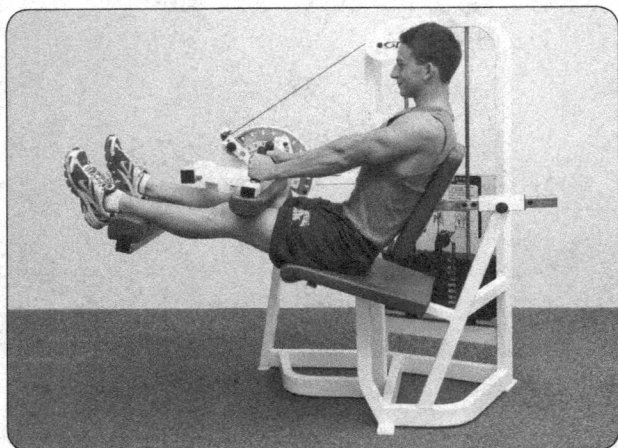

单腿弯举

如果要增加挑战，可以尝试站姿单腿弯举练习，该练习可以作为第11章多向臀肌练习的有效补充。练习中，在多站式绳索拉力器中增加低位滑轮绷带，置于地上，进行站姿练习。另外，也可以进行俯卧单腿弯举练习。

1. 面对负重架站立，将滑轮带绕于脚踝处，重心落于另一条腿。

2. 弯举腿脚后跟向臀部移动，身体挺直，可抓住固定物体，保持身体平衡。

3. 运动至最高点时稍停，默数1、2，然后用可控的方式恢复起始姿势。

直腿硬拉

在硬拉中，膝关节锁紧，可以减少股四头肌的参与，便于对腘绳肌进行针对性训练。进行该练习时腰部弯曲，下腰将承受高强度负荷，在技术练习阶段最好使用较轻的负重，如小哑铃等。建议尽量让腘绳肌主动发力，减少腰部用力，掌握正确技术后，可大胆地增加负重。

1. 将哑铃或杠铃置于体前，类似硬拉练习，双腿伸直，双膝紧锁，弯腰抓住负重。

2. 缩短腘绳肌上拉哑铃，伸展腰部，哑铃尽可能靠近身体，双臂伸直，肘关节紧锁。

3. 运动至最高点时稍停，默数1、2，然后以可控的方式放下负重，防止哑铃坠落。

稳定球后拉

这项练习在使核心区肌肉保持稳固的同时训练腘绳肌。单独训练腘绳肌很难,但这项练习是不错的备选方法。这种姿势下臀肌很难提供帮助,腹肌和下腰肌肉被激活以缩紧躯干。这项练习会让练习者痛苦尖叫,但掌握技巧后,腘绳肌和核心区肌肉将得到很好的训练效果。

1. 躯体仰卧,双腿置于稳定球顶部,脚跟勾住球体,经过练习可以舒适地使用稳定球。

2. 上提臀肌离开地面,身体呈桥,挺直,双腿充分伸展,使得身体、球体和地面组成一个三角形,身体重量由肩部和脚后跟支撑。

3. 收缩腘绳肌,脚后跟将球体拉向臀部位置。

4. 腘绳肌充分收缩后稍停,默数1、2,然后恢复起始姿势。

健身房练习

聚焦腘绳肌

要使肌肉平衡发展，就必须训练腘绳肌。类似直腿硬拉等练习，只要涉及屈膝或伸髋等运动的所有练习，都会使用腘绳肌。但是不要认为这些练习可以让腘绳肌得到足够的训练，应该单独训练腘绳肌，对其进行充分刺激。要控制好动作，在移动至最高点时挤压肌肉，不要操之过急。

俯卧腿弯举练习是单独训练腘绳肌并且避免拉伤的最佳练习，在腿弯举练习过程中，可以收缩臀部肌肉，将髋关节稍稍抬离练习凳。最重要的事情是尽可能地增加移动范围，在腘绳肌处于收缩姿势时应该紧紧挤压肌肉。如果要增加练习难度，那么可以伸直脚趾，绷脚。这个小小的改变可以减少小腿肌肉发力，加大腘绳肌训练强度。

在家练习

在家训练你的腘绳肌

如果没有腿弯举训练器械等专业设备，很难单独训练腘绳肌。在家训练腘绳肌，要对直腿硬拉或单腿弯举等练习进行修改，还可以利用稳定球进行腿弯举练习。可以使用阻力绳进行直腿硬拉，将阻力绳中段踩于双脚之下，然后抬上体。必须抓住阻力绳较低的部位，大约在脚踝附近，不要使用手柄，这样可以获得足够的阻力。要进行单腿弯举，可以将阻力绳一端绕在脚踝上进行固定，并将另一端绕在地面固定物体上，然后进行单腿弯举运动。

要想增加难度，可以仰卧于地面，进行类似于稳定腿后拉的练习，为了缓解压力，可以在头部下方垫一个枕头，将一条毛巾置于脚下，这样可以使其滑动。利用肩部和脚后跟撑起身体形成桥式。脚后跟朝臀部滑动，通过收缩臀肌和腘绳肌保持桥式，再以可控的方式恢复起始姿势。这是一项有难度的练习，加以练习会产生惊人的效果。

腘绳肌训练方案

　　动作幅度是发展腘绳肌的关键。单独训练腘绳肌的最佳方法是腿弯举，但组合训练同样可以对腘绳肌进行很好的训练，不要忽视腘绳肌的训练，尤其是对于运动员。应该确保腘绳肌具有足够的力量，以减少受伤风险，这一点尤其重要。建议在常规腿部练习中至少进行一项针对腘绳肌的练习。

表13.1　　　　　　　　　　腘绳肌训练方案

方案	练习	组数	次数	间歇
方案一	俯卧腿弯举	3	10	90秒
	稳定球后拉	3	10	90秒
方案二	直腿硬拉	3	10	2分钟
	单腿弯举	2（每条腿）	10	90秒（同一条腿训练）
方案三	坐姿腿弯举	2	8	90秒
	俯卧腿弯举	2	8	90秒
	单腿弯举	1（每条腿）	10	两条腿训练之间没有休息

第 14 章

小腿肌肉训练

小腿背部的肌肉统称为小腿肚。小腿肚鼓起的高水平举重者将这些肌肉称为"奶牛"。这些肌肉主要包括腓肠肌和比目鱼肌，它们和足底肌一起完成足跖屈动作。腓肠肌参与脚部和膝关节运动，比目鱼肌位于腓肠肌下方，这两块肌肉在跳跃运动中发挥非常重要的作用。

不要忘记小腿前侧肌肉。很多练习者几乎不训练这些肌肉，但这些肌肉却极为重要，这些肌肉可以预防被自己双脚绊倒，没有这些肌肉，将无法完成足背屈，主要的足背屈肌是胫骨前肌。可以通过快速多向旋转来增强脚踝的稳定性，减少脚踝伤病。

提踵

　　要训练小腿后侧肌肉，必须在负重的情况下做抬脚跟练习。该练习可以通过专门器械或踏板来完成。如果使用踏板，自身重量就可以提供足够阻力。如果希望增加训练强度，双手持哑铃，置于体侧。为了安全起见，可将较重哑铃片压住踏板一侧，确保踏板不会翘起。

起始姿势　　　　　　　　　　　　　　　　　　　提踵

1. 站立，前脚掌置于踏板边沿，脚跟悬空置于边沿之外。

2. 前脚掌下压，脚跟上移，直至脚踝充分伸直，双腿伸直。腓肠肌跨越两个关节，如果屈膝，则训练侧重比目鱼肌。

3. 移动至最高点时稍停，默数1、2，然后缓慢恢复起始姿势。

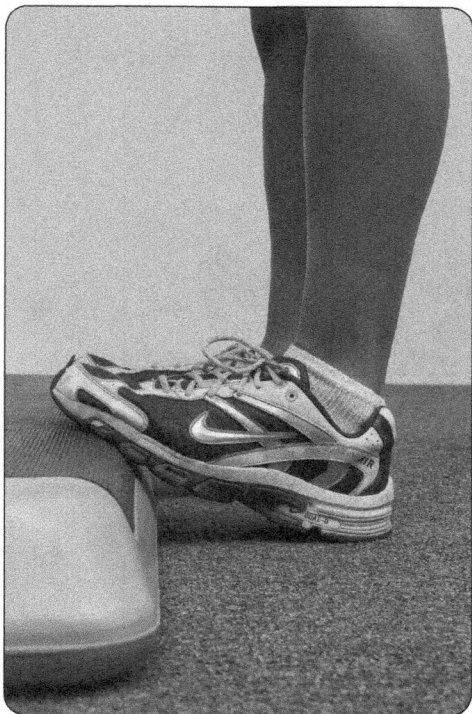

起始姿势

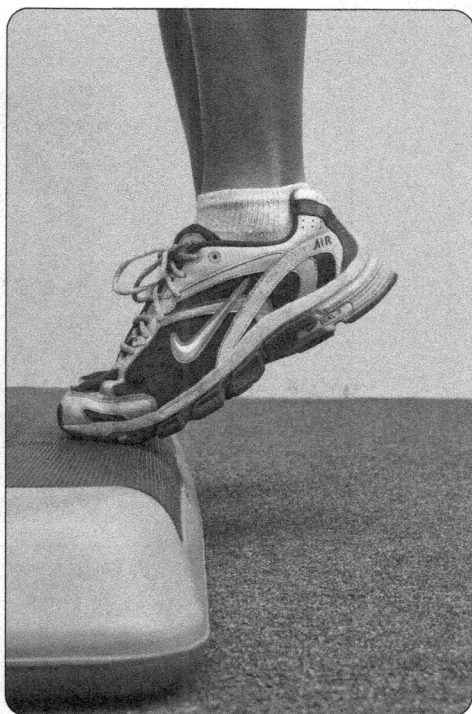

伸踝

举腿提踵

利用举腿训练器进行提踵练习，可减少下腰和肩部承受的压力。

1. 坐于举腿器上，身体后仰并将双脚置于脚垫上，将双脚前脚掌抵住脚垫，脚后跟悬置于脚垫下部。

2. 进行提踵练习，然后再放下负重，尽可能增加移动幅度，双膝略屈，也可以充分伸展。

单腿提踵

另一种提踵练习是单脚提踵练习，该练习类似于常规提踵练习。不同之处在于阻力负荷，所有负重由一条腿承担。

1. 站在踏板边沿，脚后跟悬置于边沿之外，与一般常规提踵练习相同。非训练腿置于训练腿后，并与其交叉。

2. 下压脚趾上提脚后跟。

3. 运动至最高点时稍停，收紧小腿后侧肌肉，然后恢复起始姿势。在练习中尽可能加大动作幅度。

坐式提踵

坐式提踵练习通过消除腓肠肌强劲的拉力动作，对比目鱼肌进行针对性训练。虽然坐式与站姿提踵练习在移动方式上类似，但坐式提踵在动作幅度上比站姿提踵要小得多。

1. 坐于器械座位，双膝弯曲，负重置于大腿，双脚置于踏板上，脚跟悬空。

2. 前脚掌下压，上提脚后跟。

3. 移动至最高点稍停，默数1、2，然后通过可控的方式恢复至起始姿势。

下蹲提踵

下蹲提踵主要针对比目鱼肌进行训练，动作类似于棒球接球员的姿势。该练习动作幅度相对较小，但训练强度较高。

1. 双脚平放于地面，下蹲。

2. 抬起脚跟，使用前脚掌支撑身体，最高点稍停，默数1、2，然后恢复起始姿势。需要一定的平衡能力和灵活性才能完成该项练习，可以手扶物体给予身体支撑。

脚背对抗练习

为了肌肉平衡发展，很有必要训练胫骨前肌。脚背对抗练习能有效加强小腿前侧肌肉。有些健身房配备专门器械，在没有机器的情况下，可以通过同伴或阻力绳来练习。

1. 坐于练习凳上，双脚向前伸展，脚后跟越过凳子悬空，也可以坐于地上。

2. 绷脚，让同伴下压脚趾，也可以使用阻力绳，将其一端固定于物体，另一端绕于脚背。

3. 对抗同伴或阻力绳，胫骨前肌发力，尽可能勾起脚背。

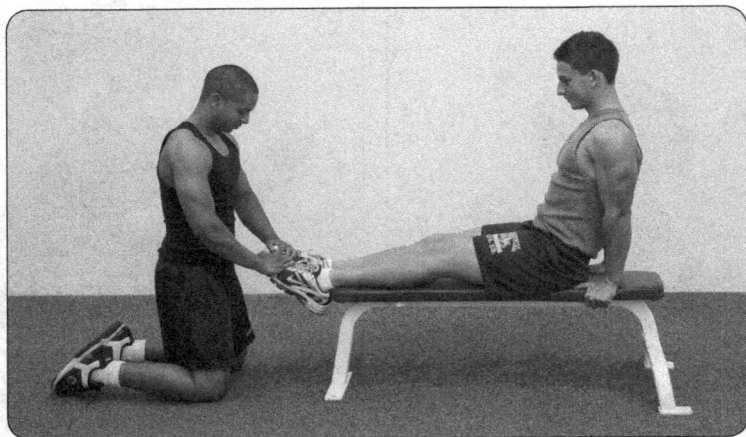

脚踝内转外翻

在体育运动中要完全避免脚踝翻转是不可能的，增强脚踝肌肉力量可以降低脚踝损伤。在承受阻力的情况下，脚的外翻和内转均能增强脚踝肌肉力量。增加脚踝周围肌肉的力量需要踝关节进行运动。

1. 坐于地上，双腿向前伸直，将阻力绳的一段绕在脚上，用脚勾住，或让同伴向相反方向推拉，以制造阻力。

2. 把阻力绳绕于脚中前部，将阻力绳向脚踝的外侧拉伸，内转脚踝，在最大位置稍停，默数1、2，然后恢复起始姿势。

3. 将阻力绳向脚内侧拉，同时外翻脚踝，在最大位置稍停，默数1、2，然后恢复起始姿势。

━ 健身房练习 ━

训练心形的小腿肌肉

多数练习者认为，可以通过成百上千次的重复练习获得理想的肌肉外观。实际上，决定肌肉形状的最重要的因素是基因。不过不用为此担心，小腿肌肉会通过训练得到加强，只是需要一些时间。

小腿肌肉并不那么发达，但其能举起的重量远大于肱二头肌所能举起的重量。下肢特有的解剖力学使得小腿肌肉强劲有力，对小腿肌肉进行有效训练也比较困难。建议加大动作幅度，并以可控的方式进行每一次重复动作。小腿肌肉训练动作必须流畅，上提踵时，不要用力过猛，这种做法不可取。最佳训练方法是在整个移动范围内对肌肉持续施压。

小腿肌肉很容易拉伤。在训练前，必须对其进行拉伸预热。如果小腿肌肉感觉紧张，应该停止训练。如果计划当天晚些时候或第二天进行长时间跑步等有氧运动，那么小腿肌肉的训练强度不要太大，或干脆不要进行训练。

有证据表明，改变脚的位置可以更加有效地对腓肠肌内侧和外侧进行有针对性的训练。但是目前这些说法还没有得到明确证实。在训练中，可以尝试内收脚踝训练外侧肌肉，外展脚踝训练内侧肌肉。

━ 在家练习 ━

在家里的椅子上训练小腿肌肉

本章介绍的所有练习，几乎都可以在家使用阻力绳或借助同伴帮助来完成，还有一个简单方法，可以一边了解当地新闻，一边改善小腿外观：双脚直立，将几本书置于前脚掌之下，膝关节下压；如果有小孩，可以让其坐在大腿上，以此增加阻力，然后进行坐姿提踵练习，方法与常规提踵练习一样。如果阻力不够，那么这项运动效果将不及健身房训练，但是趣味性肯定更强。

小腿训练方案

训练小腿肚有两种方法：直腿或屈腿。只要能够制造足够的阻力，建议大家每次锻炼兼用这两种方法。如果时间有限，一次锻炼使用一种方法，下次再使用另一种方法，交替练习。

增大肌肉体积是大多数练习者的训练目标。要获得发达的肌肉，最少进行两组训练，每组12次练习，两组之间休息时间不超过90秒，最好是60秒。如果身体条件允许，可以再做一组，一共进行3组练习。

表14.1　　　　　　　　　　小腿训练方案

方案	练习	组数	次数	间歇
方案一	提踵	2	12	90秒
	坐式提踵	2	12	90秒
	脚背对抗练习	3	12	60秒
方案二	提踵	2	10	90秒
	脚背对抗练习	2	10	60秒
	脚踝内转	2（每只脚）	10	60秒
	脚踝外翻	2（每只脚）	10	60秒
方案三	下蹲提踵	2	12	90秒
	举腿提踵	2	12	90秒
	脚踝内转	2（每只脚）	12	60秒
	脚踝外翻	2（每只脚）	12	60秒

第 15 章

训练计划

如果大家曾经到健身房尝试过力量训练，可能会见到有人经常要求别人指导自己该怎么训练，希望别人能够给自己好的建议。得到的建议可能是做一套基本的练习，3组，每组10次。如果是新手，会推荐所使用的训练器械。如果已有基础，则建议使用自由负重等。30年前，这种训练设计方法是阻力训练计划的核心。然而，在过去10年以来，力量训练已经发生了翻天覆地的变化。如今，力量训练形成了一个完整的行业链，各种自称有奇效的训练工具随处可见，这个行业中还有许多自封的专家，对最佳训练有着自己独立的方法。关于哪些练习有效或哪些练习没效的解释往往自相矛盾，令人困惑，在实践中导致很多问题：该选用多大的重量，进行多少组练习，每组做几次，练习完成顺序是否有讲究，为什么有些练习优于其他练习等。

在夸张的商业宣传和传统惯例思维的背景下，也产生了少数的科学研究成果，对存在的问题进行了客观可信的研究：认识到肌肉训练必须具有挑战性，需要遵循定期训练计划，对肌肉群进行均衡发展，才能产生最佳的长期训练效果。此外，必须改变负重重量，调整次数组数，进行针对性练习，才能实现预期效果。一般来说，如果每组练习次数多于15次，主要是增强耐力；次数在8~12次，能增加肌肉体积；次数在3~8次，可以增强爆发力和力量。最后，必须进行休息，才能让训练发挥效果。

针对性练习有助于获得特定效果，这一点是肯定的。但是，如何设置最佳练习组合，运动总量怎么确定等问题是训练计划设计所要考虑的因素。随着运动训练的发展，新的练习方法不断涌现，数量之多令人不胜枚举，该选用哪个练习，很难抉择。训练方法没有对错之分，但要遵循正确的练习方法和身体姿势。如果希望获得一个确定的答案，上述说法可能让人费解，但正是这种不确定的答案，才使得训练者和研究者们永不懈怠，不断推陈出新，不断提出新的挑战。但是有一点是明确的，那就是训练没有捷径，成功的关键在于刻苦。

制订训练计划的方法

训练目标是制订力量训练计划的主要依据，没有目标的训练就如同没有藏宝图去寻找宝藏，成功的可能性很小。每个人都有一个与众不同的训练目标，训练效果取决于训练负荷安排，不同的训练计划都有不同的组数、次数和阻力变化。按照超负荷原则，所使用的阻力在进行每组最后1~2次练习时必须体现出一定的难度，不论完成多少次重复动作，在已经适应的基础上，负荷阻力应该具有一定的挑战性。如果负重过轻，则需要更长的时间才会体现出训练效果。如果选择的负重过大，则会造成训练过度，并有可能引发伤病。

增强肌肉耐力训练

有两种方法可以增加肌肉耐力。一种是增加每组的练习次数，另一种是减少两组之间的间歇时间。一般来说，一组12~20次的练习时间不低于30秒，不能超过90秒。一组练习时间过长，会导致乳酸堆积，产生大家所熟悉的灼烧感，最终导致疲惫。虽然乳酸堆积似乎不是个好事，但是，如果挺过这种灼烧感，忍受这种疼痛，那么身体应对这种疼痛的适应能力将增强，还能提升肌肉耐力。所以，当出现灼烧感时，要坚持再做几次。进行1~3组、每组15~25次的练习，间歇为30~60秒；进行3~5组、每组10~15次的练习，间歇为15~30秒。

肌肉力量训练

如果以发展力量作为训练目标，那么需要相对较大的阻力负荷，并适当减少每组重复次数，两组间歇需要休息2~3分钟，力量训练包括卧推、坐姿划船和下蹲练习等。增加力量的催化剂不是每组训练的次数，而是减少每组练习的次数，提高训练强度。如果选择的负重可以轻易地完成6~8次练习，或者还能继续做，那么这样的负重不能有效地增强肌肉力量，负重太轻，即使增加练习次数，也不利于力量发展。每组最后一次重复动作，应该以被迫终止为宜，也就是需要辅助才能进行下一次练习，要取得最佳训练效果，需要进行1~3组、每组6~8次的练习，两组之间休息2分半至3分钟。

增肌训练

大多数人都希望改善体型。对于男性来说，增大肌肉体积是首要目的，对于女性，通常希望通过锻炼，变得更加苗条，更加结实。不论训练目标是什么，要获得理想的训练效果都需要时间。在任何情况下，如果希望获得线条清晰的身材，较大的肌肉体积和密度是必不可少的。

增肌是一个技术词汇，指增加肌肉体积和质量。一个普遍的认识是，增肌训练如同力量训练那样，应该选用较大负重，但是这样做，肌肉体积不会像力量那样快速增长。增肌训练介于力量训练和耐力训练之间，增肌训练每组重复次数适中，负重重量适中，间歇时间介于耐力训练与力量训练之间，一般取二者的平均值。对于那些害怕肌肉体积快速增大的运动者，尤其是女性，不用担心，几周或数月的增肌训练会增加肌肉体积，但是要获得树干一样的腿或巨型的肱二头肌，需要多年的系统训练。如果训练目的是让肌肉线条清晰一些，或对手臂肌肉进行"雕刻"，在海滩上穿泳装更好看，增肌训练正好适合你。

增肌训练的最佳训练方法是：进行1~3组，每组8~12次或10~12次的练习，间歇为90秒。

爆发力训练

爆发力训练要求练习者选择较大负重，同时还能快速举起负重。在有些体育项目中，爆发式身体接触是家常便饭，虽然爆发力训练对于一般体育运动者的好处还在研究中，但是爆发力训练对于竞技运动员带来的效益是显而易见的。足球等身体接触运动从爆发力训练中获益最多。爆发力训练有着不可避免的固有风险，普通运动者如果只希望改善体形，增加肌肉体积，那么不必花时间进行爆发性举重练习，只有技巧娴熟的练习者以及参加特定体育项目的运动员才需要进行爆发力训练。

普通健身者如果进行爆发性训练，建议使用身体自重作为抗阻负荷，并确保教练能纠正身体姿势。要进行爆发力训练，建议使用中等以下的重量，进行3~5组，每组3~5次的练习，尽可能加快动作速度。

训练方法

为了增加训练的多样性和挑战性可以尝试几种变化形式，正如不同的阻力类型，可以选择不同的方式进行训练，根据本节介绍的各种准则来确定训练次数、组数、负重类型、练习顺序等，以下这些方法是目前较为流行的训练方法。

超级组和多组训练

如果希望在最短的时间内取得最大训练效果，可以尝试超级组训练：也就是在没有间歇或间歇时间很短的情况下，完成功能不同的多组力量练习。这种方法有一个明显的优点是，既能减少总练习时间，又能有效增加肌肉体积。如果训练的主要目标是发展力量，则不建议采用超级组练习。

如果连续完成两组练习，那就是由功能相对的一组肌肉练习构成。例如，要进行腿超级组训练，首先进行伸腿抗阻练习，然后进行俯卧腿弯举练习，两组之间没有间歇。在进行第二组练习的过程中就能获得第一组练习肌肉的恢复，虽然这种恢复并不充分。

多组训练是将三个及以上的练习串联起来训练。例如，手臂的多组练习包括训练肱三头肌的下推练习、哑铃弯举以及侧举练习。在不休息的情况下运动时间越长，出现疲劳的可能性就越大。进行一个以上的超级组或多组练习，可以休息1~2分钟后再开始下一个超级组或多组练习。以下是一些流行的超级组练习组合。

- 训练腿部肌肉的超级组：腿屈伸、俯卧腿弯举。
- 训练上臂的超级组：仰卧肱三头肌臂屈伸、哑铃弯举。
- 训练背部和肩部肌肉的超级组：肩推、背阔肌下拉。
- 训练胸背的超级组：卧推、坐式划船。

每次练习，进行2~3组，每组10~12次。例如，训练腿部肌肉的超级组，先进行一组10~12次的腿屈伸，然后进行一组10~12次的俯卧腿弯举，两项练习之间没有间歇。建议进行简短间歇后再开始第二个超级组练习，如果希望进行多个具有挑战性的多组练习，请参考第16章介绍的三组力竭练习。

循环训练

循环训练拓展了多组训练的思路：设立循环站点，依次进行练习，站与站之间基本上没有间歇。如果要进行多组循环练习，两组之间间歇3~5分钟，循环练习能有效减小训练时间，增加肌肉耐力，增加肌肉体积。循环练习可以将身体左、右、上、下、前、后各个部位的训练设为站点。可参考第16章，了解循环练习范例。

预疲劳训练

预疲劳训练，顾名思义，通过预先训练，使肌肉疲劳，然后再进行下组相同肌肉的练习。预疲劳训练增加了训练的多样性和挑战性，首先进行单关节练习，然后进行两个或多个关节的练习，训练针对相同的肌肉群。在训练中，小肌肉通常比大肌肉先疲劳，而在多关节运动中，大肌肉通常得不到充分的训练，小肌肉则过早出现疲惫，导致练习提前结束。

预疲劳训练听起来令人困惑，但很有道理。让我们来看一个例子吧。一般健身者通常从卧推开始胸部的常规训练，胸大肌是参与运动的主要肌肉群，同时也有肱三头肌和三角肌前束参与工作。卧推练习中最薄弱的环节是三角肌和肱三头肌，这些肌肉的疲劳会导致一组练习提前结束，而这时胸大肌力量还没能彻底耗完。

解决以上问题的办法是预疲劳训练，以胸部训练为例，将飞鸟、卧推组成超级组，换句话说，先通过一组飞鸟练习来让胸肌预疲劳，然后立即进行卧推练习，当完成一个超级组练习时，胸肌也应该达到了力竭状态，飞鸟预疲劳练习后，胸肌与三角肌、肱三头肌同时达到疲劳。预疲劳训练的另一种变化形式是：先单独完成各组单关节预疲劳训练，然后再进行多关节整体练习，而不是将其组成超级组。两种预疲劳训练都有效，将二者结合进行训练可以增加训练的多样性。以下是最流行的预疲劳组合方式。

- 胸部训练：先进行哑铃飞鸟，然后卧推。
- 上背训练：先进行哑铃仰卧屈臂上拉，然后进行背阔肌下拉。
- 肩部和上臂训练：先进行仰卧肱三头肌臂屈伸，然后肩推。

后疲劳训练

后疲劳训练类似于预疲劳训练，后疲劳训练区别在于先进行多关节主体练习，再进行单关节的消耗性练习。后疲劳训练通常是单个关节运动，针对某个特定肌肉群训练，通常在多关节或主要练习后进行。

后疲劳训练原理：首先，在主要肌肉训练后立即进行后疲劳训练，可以针对特定肌肉群进行超负荷训练；其次，后疲劳训练针对那些较难训练到的肌肉增加了额外负荷，加强了这些肌肉的力量；最后，后疲劳训练在正常训练的基础上延长了30秒以上的练习时间，有利于肌肉耐力的发展。以下是一些流行的后疲劳训练组合。

- 胸部训练：卧推、哑铃飞鸟。
- 上背训练：背阔肌下拉、哑铃划船。
- 腿部训练：腿举、腿屈伸练习。

负重递减训练

负重递减训练中的"递减"指的是依次降低负重。自由负重通过卸下杠铃片来降低阻力；器械练习通过减少负重来降低阻力。练习者完成规定次数的练习，力量相对消耗，立刻降低负重，再进行下一组练习直至力竭为止，降重次数根据练习的目的和练习者忍受能力进行调整。对于一般练习者来说，每次降重约为5千克，可以根据练习者的耐力进行调整。

常见的降重练习包括卧推、划船、肱三头肌练习、肱二头肌练习以及腿部的伸展练习等。如果进行卧推练习，如果首先使用70千克，能重复8次，然后降至65千克，再降至60千克，最后降至55千克，当降到65千克时，每组练习次数不应该超过8次，最少可能只能进行4~5次。

离心训练

离心训练重点关注承重练习的离心收缩阶段，肌肉拉长阶段。离心训练的优点是练习者可以使用更大的负重，让身体适应负重的增加；缺点是增加了伤病的风险，而且还需要有人提供保护。练习者可以选择自由负重或专门器械来进行离心训练。

练习者可以通过以下两种方法来进行离心训练。第一种，练习者进行一组向心训练，直至疲惫，然后再进行几组离心训练，最后以可控的方式将负重缓慢放下，这种方法效果很好，因为肌肉做离心收缩时的力量将增强20%~40%，向心收缩比离心收缩更早导致身体疲劳。因此，要保证离心收缩练习达到疲劳状态，应该对向心收缩练习进行保护，同时要额外多做几次离心练习。卧推、肩推、腿伸展和腿弯举等大多数拉力练习都适合使用离心训练方法。

第二种训练方法叫作离心强化训练，练习内容与离心训练相同，不同的是增加练习者恢复初始动作的时间来增强离心训练效果。离心强化训练可控，是最流行、最安全也是最有效的离心训练方法。在离心训练过程中，练习者恢复初始动作的时间不低于5秒，如果速度太快，表明并没有通过对抗负重来有效降低速度。

要提高离心训练效果，练习者必须对负重施加最大力量，如同上推负重时那样，从而降低负重向下的移动速度；否则，负重会像石头一样自由坠落，就达不到离心训练效果了。在重量合适的情况下，即便练习者使出最大力气，负重仍将下落；如果负重过大，练习者对抗负重的持续时间不足，或负重干脆坠落，就难以产生较好的效果；如果负重过轻，练习者下放负重时间将过长，没有动员练习者的最大力量，那么训练效果同样不好，但是负重过轻造成的不利影响小于负重过重。

不论选择哪种离心训练方法，深度疲劳的单组离心练习效果最好，最流行的离心训练练习是器械卧推、哑铃弯举和腿屈伸。

极限次数训练

极限次数训练就是迫使练习者完成超过其独自训练能够完成的练习次数。可以有一名保护者帮助进行极限次数训练，但保护者只稍微提供一点帮助。如果必须提供较大帮助才能完成，说明负重过重或该组次数过多。极限次数训练对于提高最大力量至关重要，这种方法还能防止练习者投机取巧，突出训练重点。极限次数训练包括卧推、仰卧肱三头肌臂伸展、哑铃弯举、腿屈伸以及俯卧腿弯举等。下蹲和分腿蹲等技术性强的训练，不宜使用极限次数训练。

慢速训练

慢速训练有利于增大肌肉体积和提高肌肉耐力。慢速训练有几种不同的方法。其中一种为超慢速训练，练习者使用非常慢的速度进行练习，每个重复动作耗时30~60秒，这种方法难以实施，也很无聊。虽然超慢速训练的支持者都认为这是个好方法，但是尚未从理论上得以证明。

慢速训练方法是：在单次重复动作中先进行5秒钟的向心收缩运动，再进行5~10秒的离心收缩运动，还可以进一步减慢训练速度，即在肌肉向心收缩后增加一个等长收缩。以腿弯举为例，先进行5秒钟的向心收缩，大腿后群肌肉充分收缩后，保持动作5秒钟，再进行5秒离心收缩，一组通常进行5次重复动作。

金字塔式训练

金字塔式训练有三种形式，九种不同的组合方法，详情见图15.1。往金字塔尖方向的方法有：增加负重同时减少重复次数；增加每组的次数同时减少负重；同时增加负重和次数。往金字塔底方向的方法：减少负重并增加每组的次数；减少每组次数并增加负重；既减少次数也降低负重。要提高训练难度，可以沿着金字塔上下移动，主要有以下三种移动方法：增加负重并减少次数向上移动，然后减少负重并增加次数向下移动；增加次数并降低负重向上移动，然后减少次数并增加负重向下移动；增加负重和次数向上移动，然后减少负重和次数向下移动。

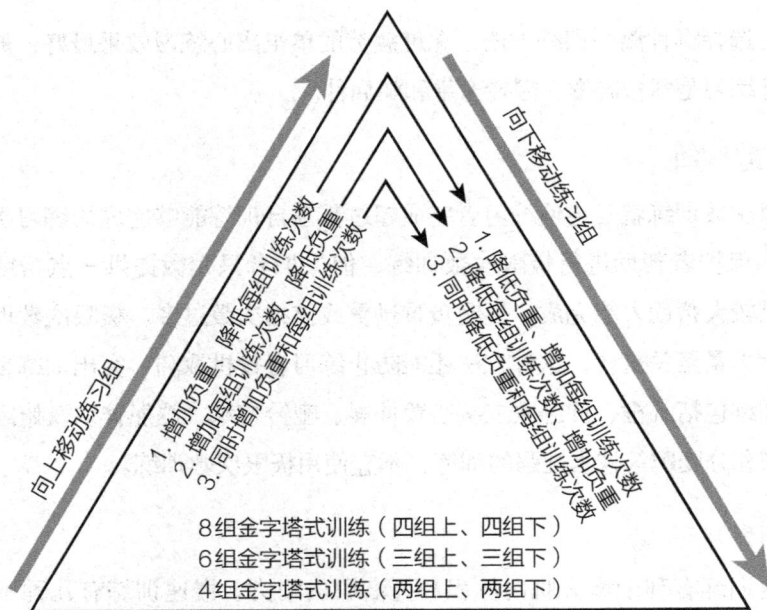

图15.1 金字塔组合

一个优秀的金字塔式训练计划能确保练习者获得良好的肌肉力量、体积和耐力，金字塔式训练的主要缺点是练习者必须保留力气进行后面几组训练，如果重量选择不合适，可能就无法完成一个完整的金字塔式训练。

集中训练

依据集中训练方法，抗阻练习集中于身体某个部位或某个动作，每个练习进行6组，特定身体部位高达30组。对于健美者来说，这类练习可以发展力量薄弱、体积较小，但必须加强的肌肉。然而，集中训练不利于运动员提升运动表现，如果有相同的动作在比赛中不断重复出现，针对性的集中训练或许会有好处。在一周内，集中训练通常需要进行多个练习才能训练到全身，对于普通大众来说，集中训练不太适用。集中训练非常艰苦，大多数人都会出现肌肉极度疼痛的情况，以下介绍肱二头肌集中训练的案例。

- 站姿肱二头肌弯举：6×12
- 单臂哑铃弯举：6×12/每只手臂
- 牧师凳肱二头肌弯举：6×12
- 绳索肱二头肌弯举：6×12

分开训练

除全身训练外，几乎所有的训练都使用某种形式的分开训练。在分开训练中，某个肌肉、肌肉群或肢体部位将成为训练重点，如果时间充裕，每周在健身房中可多训练几次，分开训练，就能发挥较好的效果。利用不同的时间对上体和下体进行分开训练，就是分开训练的最好案例，如一天训练胸部、肱三头肌和肩部，下一天训练肱二头肌。分开训练的变化形式，即将训练分成早上和晚上两段，早上训练下肢，晚上训练上肢。如果时间比较紧，使用这种训练方法的效果非常好，那么高水平练习者的训练一般会更加精细。不论使用哪类分散法，都应省时高效并且目标明确。以下为常规的分开训练案例。

- 上体/下体。
- 胸部、肱三头肌、肩部/背部、肱二头肌/腿部。

推拉训练

推拉训练包括分开训练、超级组训练、二者混合训练，一般第一天训练推的动作，第二天训练拉的动作，或者同一天以超级组的形式交替训练推、拉动作，在各组训练之间安排休息时间。如果时间有限，同时又希望肌肉平衡发展，那么可以先完成规定的各组推力练习，然后再进行拉力练习，反之亦然。推拉结合，练习者先进行三组卧推练习，然后再进行三组坐式划船练习，推拉练习的优点在于功能相对应的肌肉群组得到了均衡发展，使肢体两侧对称平衡。如果练习者花费太多时间训练一些特定的肌肉，忽略了肌肉平衡，那么损伤风险将提高。

表15.1 　　　　　　　　　　　　　　推拉训练安排

练习	组数	次数	间歇
推拉 1			
卧推	2	10	90秒
坐式划船	2	10	90秒
肩推	2	10	90秒
背阔肌下拉	2	10	90秒
肱三头肌下压	2	10	90秒
哑铃弯举	2	10	90秒
推拉 2			
循环练习	2~3组循环练习		3分钟（两组循环之间休息3分钟）
卧推	1	10	60秒
坐式划船	1	10	60秒
肩推	1	10	60秒
背阔肌下拉	1	10	60秒
肱三头肌下压	1	10	60秒
哑铃弯举	1	10	60秒

训练计划制订

到底应该怎样开展个人训练呢？这取决于制订什么类型的训练计划以及对训练质量的要求。特定训练方法需要对训练组数、次数以及阻力大小进行设计，训练方法种类繁多，练习者应该制订一个适合自己的训练计划。首先，要弄清楚什么计划最适合自己，关键在于灵活运用本章以及第1~4章介绍的基本原则，刻苦训练，并使用正确的动作技术。训练取得的成绩与每次重复动作完成质量以及肌肉适应水平成正比。练习者可以通过控制练习组数、每组次数以及间歇时间来获得理想的训练效果。检验超负荷原则运用是否正确的标准在于，所使用的负荷阻力使练习者在完成最后一次或两次练习时感到困难。

第3章提出，准确地完成重复动作是非常重要的，所以，练习者不论采用什么练习，运用何种训练方法，每次练习都必须准确完成，须先顺利完成某个练习的每组练习，才能增加下一次训练的负重。

可供选择的练习有几百种，还有各种变化形式，每一种练习，可以使用机器、自由负重、哑铃、阻力绳子或其他形式的阻力。每种器械有不同的速度、不同的凸轴与不同的杠杆效应。每种阻力都有自己优缺点。不论选择哪种模式，都要求练习者能针对训练目标，且每次练习都要完美完成。

训练计划的确定可能比较困难，因为训练目标会随着时间的推移而发生变化，甚至在开始训练不久就要进行调整，时间的变化、器械的变化都要求改变训练计划。力量训练的一大优点在于，练习者可以不断进行调整变化，可以增加一些迷你型的具有挑战性的练习，使自己实现和超越目标，然后再制订新的目标。

关于训练计划的设计，不同的教练有不同理念。如果将20位教练召集在一间屋子里，并请他们制订一个足球运动员训练计划，会得到20个不同的训练计划。每位教练都有独特的观点，每位教练都有一个独特的评判标准，他们将根据训练目标选择练习并制订自己的训练计划。在制订计划时，可以为自己画一张图，显示当前的水平，以及想要达到的水平，通过完美的训练计划，制订路线图、时间表。要根据第16章介绍的训练计划知识制订计划，但是要注意进行调整，确保训练的成效。

如果经过四周的刻苦训练，肌肉力量、体积、耐力或总体的健康水平都没有出现变化，那么你就应该进行认真的检查，你需要重新评估自己的训练计划并进行相应改变，思考要取得特定效果需要进行多少次训练。在制订计划时应该遵循几个简单的原则，即循序渐进原则、超负荷原则、多样性原则以及适时恢复原则。如果你每组练习都能刻苦训练，那么一定会实现自己的训练目标。

训练周期

虽然有人认为相同的练习即使进行12周或更长时间依然有效，但是通常来说，经过8周的训练，由于肌肉厌倦或过度使用等原因，需要变换不同的训练，长时间做同样的练习，训练效果达到峰值后，增速会放缓，甚至停滞不前，有时还会出现逆转，最可怕的是可能出现伤病或训练过度的情况，因此有必要变换训练。改变常规训练构成了周期训练的依据之一，周期训练指的是在一个较长的训练周期内如何设置练习。

周期训练超越了本书的讨论范畴，粗略了解一下这个概念可能会受益终生。周期训练源于20世纪20年代一位医生的观点。当时他正在治疗疾病，他发现人体在受到压力后会进入重建期，并且变得比以前更加强壮，人体发生了适应变化，为承受下一个压力承受做好准备，这被称为适应理论。人体承受压力时，细胞会发生变化，如果持续对身体施压，并不断改变压力，人体将持续进行适应。肌肉是由细胞组成的，这为肌肉发展提供了必要的基础。每次训练时，肌肉都会承受压力，多次训练后，肌肉体积、力量、速度、灵活性、耐力将出现适应性改变。但是训练时间太长，训练计划最终将失去新鲜感，可能会出现训练过度，甚至伤病。因此，周期训练的目的是避免出现训练枯燥，减少训练过度，持续训练效果，从而保持身体健康。

周期变化是通过对下列部分或全部因素进行调整组合所形成的训练方案：包括训练组数、次数、间歇、训练频率与练习类型等。初学者几乎不可能预测身体将如何反应，而必须进行哪些调整；经验丰富的练习者和力量教练可以根据过往的经验，较有把握地进行上述预测。大学足球力量教练能清楚地知道所指导的球员在他们4年足球生涯中的进步程度。不论是初学者还是高水平练习者，如果训练内容变得枯燥乏味，训练没有成效，那就是改变训练内容的时候到了，练习者应该记录自己的改变，以作为预测训练周期的依据。

从基本形式上来说，周期训练指的是改变训练内容，比如：从耐力训练变为力量或增肌训练，从增肌训练变为力量或爆发力训练等。事实上，训练的组合种类无穷无尽，但是一份经过周期化处理的训练计划考虑的是一年的训练，称为年度周期，其下再设计中期周期和微周期，每4~12周改变一下周期。对于专业运动员来说，中期周期和微周期可能依据体育赛季的特定需求进行制订。对于大众健身来说，周期变化依据可能包括学年、假期、生病及其他意外事件等。

在开始制订训练计划之前，应该设定长期目标。也许力量训练是一个不错的开始，但是肌肉耐力或体积训练可能成为今后想要的东西，感觉身体想要一些别的锻炼，这正是改变计划的时候到了。要进一步深入了解如何在训练中实施周期化训练，请参考史蒂芬·弗莱克和威廉姆·克雷默合著的《设计阻力训练计划》第三版。作为初学者，可以考虑制订一个4~8周的训练计划，同时关注训练效果，如果仍有进展则继续坚持原有计划，如果训练效果变慢则及时改变计划，进入下一个周期训练。

第 **16** 章

训练计划案例

选择正确的练习顺序、组数、次数以及重量只是力量训练成功的第一步。坚持不懈，并不断超越自己才是成功的关键因素，没有这些因素，难以实现训练目标。刻苦训练并非意味着枯燥无味，我们也可以从训练中获得很多乐趣。事实上，如果希望训练成为生活的一部分，那么必须学会享受训练。

开始训练时，每周至少训练3次，这样做对启动身体引擎并养成力量训练习惯很重要，学会安排训练所需的时间，即使挤出几分钟的时间也是可行的。一旦进入训练状态，就没办法越过刻苦训练这道坎。有时可以通过减少运动量或者减少强度进行调整。当进行了一段时间的训练后，可以适当进入维持性训练阶段，减少训练频率，也能获得理想的训练效果。至于何时可以降低运动量，进入维持性阶段，科学上仍然存在争议，但是总的原则是必须连续进行几个月的艰苦训练，然后才能考虑停下来休息数天或一周以上。通过训练获得力量和信心将带给大家无与伦比的感受，就好像整个世界都在你的掌控之中，所以应该努力训练获得最佳效果，发挥身体潜能。

在训练过程中练习者有必要记录自己的成绩，以便了解进展情况。可以根据自身需求来调整训练，一个好的训练设计应该能帮助自己实现目标。不要害怕打破常规，如果希望肱二头肌更加鼓起，可以多做几组手臂弯举练习。如果训练计划包括杠铃卧推，完全可以用哑铃代替杠铃来完成练习。最重要的事情是练习者要时刻把安全放在第一位，不是越多越好，而是越科学才越好。练习者要谨记，训练越刻苦，肌肉就越疼痛，不要运动过量，否则，第二天双臂可能无法举过头顶。

全身训练

对大多数人来说，全身训练是最佳选择。如果时间紧或同时要进行其他运动，那么全身训练就很合适。完成一次全身训练需要30~60分钟，如果每个练习只进行一组训练，那么耗时可能更少。在进行训练前，应该进行热身和拉伸运动。训练的内容越笼统，单块肌肉发展所需的时间也就越长。进行全身训练时，训练重点不是身体的某个部位，而是整个身体，这能有效地提高体质健康和力量水平。如果训练的主要目标是增加肌肉的力量和体积，那么就应该先进行力量训练，然后再进行有氧运动等其他练习。如果训练目的只是为了改善身体健康状态，那么训练内容的先后顺序就无所谓了。

一般训练

以下是大多数健身俱乐部与健身爱好者所公认的训练动作，这是一个很不错的入门级训练，内容涵盖所有基础性训练，有利于改善总体健康水平。

表16.1 　　　　　　　　　　　　　**一般训练**

练习	组数	次数	间歇
卧推	2	12	60~90秒
器械胸肌飞鸟	2	12	60~90秒
肩推	2	12	60~90秒
坐式划船	2	12	60~90秒
肱三头肌下压	2	12	60~90秒
哑铃弯举	2	12	60~90秒
腿举	2	12	60~90秒
腿屈伸	2	12	60~90秒
俯卧腿弯举	2	12	60~90秒
提踵	2	12	60~90秒

全身大循环训练

在进行循环训练时，每个练习重复12次，按照顺序依次进行各项练习，练习之间的间歇时间尽量减少，一般只留一点时间来调试下器械。可以选择以下三个循环练习中的任何一个进行训练，完成一个循环后，间歇时间大约2分钟，再进行第二个循环练习。如果感觉状态非常好，可以尝试第三个循环。

表16.2 全身大循环训练

循环训练1 每个练习进行12次	循环训练2 每个练习进行12次	循环训练3 每个练习进行12次
卧推	卧推	前后分腿蹲
腿举	坐式划船	斜推
坐式划船	肩推	腿举
俯卧腿弯举	哑铃弯举	背阔肌下拉
肩推	肱三头肌下压	单腿弯举
腿屈伸	腿举	侧平举
肱三头肌下压	坐姿腿弯举	提踵
提踵	腿屈伸	仰卧肱三头肌臂屈伸
哑铃弯举	提踵	脚背对抗练习
坐式提踵	坐式提踵	哑铃弯举
仰卧卷腹	仰卧卷腹	腹肌循环练习（每个练习进行15次）：仰卧卷腹、扭转卷腹、盆骨举
背屈伸	背屈伸	
循环之间间歇时间为2分钟	循环之间间歇时间为2分钟	循环之间间歇时间为2分钟

器械训练

全身训练的另一种较好的方法是将固定器械训练和自由重量训练组合起来。训练的重点在于技术，而不是所举起的重量，训练组次不宜过多，以免造成过度训练。以下训练1和训练2交替进行，两项训练之间的休息时间应该不低于48至72小时。

表16.3 器械训练

训练1 每组练习进行15次 两组练习之间的休息时间90~120秒		训练2 每组练习进行15次 两组练习之间的休息时间90~120秒	
练习	组数	练习	组数
哑铃下蹲	3	腿举	3
器械坐式划船	3	背阔肌下拉	3
机器卧推	3	跪膝式俯卧撑	3
哑铃肩推	2	侧平举	2
哑铃弯举	2	绳索弯举	2
肱三头肌下压	2	肱三头肌哑铃俯身臂屈伸	2
仰卧卷腹	2	扭转卷腹	2
超人练习	2	超人练习（异侧手臂和腿）	2

自重循环训练

如果在家进行训练，不去健身房，自重循环训练是一个不错的选择。该训练中，每项练习都能设定次数或时间，初学者每个练习进行12~15次，或进行30秒，不限次数。如果要提高难度，可以增加训练强度，增加训练次数，增加每组持续时间，进行多个循环练习，中间少休息或不休息。

表16.4　　　　　　　　　　　　自重循环训练

初级 每个练习12~15次	中级 每个练习15~20次	高级 每个练习20次或以上
下蹲	行进分腿蹲	单腿下蹲
超人练习	下蹲	行进分腿蹲
跪膝式俯卧撑	跪膝式俯卧撑	下蹲
凳上反屈伸	凳上反屈伸	宽距俯卧撑
仰卧卷腹	平板支撑	窄距俯卧撑
平板支撑	仰卧卷腹	侧平板举
跳跃运动（30秒）	超人练习	仰卧卷腹

健身训练

以下是一个较有难度的训练方案，每周进行三次，建议按照顺序进行练习，以获得最大的训练成效。

表16.5　　　　　　　　　　　　健身训练

第一次 每组6~10次 每组间歇1~2分钟		第二次 每组>8~12次 每组间歇1~2分钟		第三次 每组12~15次 每组间歇1~2分钟	
练习	组数	练习	组数	练习	组数
下蹲	3	行进分腿蹲	3	腿举	3
俯卧腿弯举	2	坐姿腿弯举	2	单腿提踵	2
坐式提踵	2	提踵	2	俯卧腿弯举	2
卧推	3	史密斯架卧推	3	哑铃斜推	3
哑铃划船	3	背阔肌下拉	3	绳索坐式划船	3
哑铃肩推	2	交替前平举	2	侧平举	2
肱三头肌下推 E-Z杠铃弯举	2 超级组	仰卧肱三头肌臂屈伸 哑铃弯举	2 超级组	肱三头肌哑铃俯身臂屈伸 锤式弯举	2 超级组

第一次 每组6~10次 每组间歇1~2分钟		第二次 每组>8~12次 每组间歇1~2分钟		第三次 每组12~15次 每组间歇1~2分钟	
练习	组数	练习	组数	练习	组数
仰卧卷腹 超人练习（异侧手臂和腿）	3 超级组	仰卧卷腹 盆骨举	3 超级组	仰卧卷腹 超人练习	3 超级组

大金字塔训练

该训练利用金字塔技巧，包括次数范围、间歇时间和负重组合。诀窍在于安排好训练组数、次数和重量，以获得最佳恢复。可将这项训练加入到全身训练计划中，一周训练一次，变化训练节奏。初学者及中级练习者朝金字塔上方移动，初学者进行1~3组训练，中级练习者进行1~4组训练。对于高水平的练习者，可同时进行既向上又向下的移动训练，进行1~2次全金字塔训练，每次包括三组上和三组下。如果只进行向上或向下训练时，最多做4次金字塔，每次包括三组上或三组下。

表16.6　　　　　　　　　　大金字塔训练

大金字塔1 完成3组金字塔练习，然后休息*				大金字塔2 完成3组金字塔练习，然后休息*			
练习	第1组 次数	第2组 次数	第3组 次数	练习	第1组 次数	第2组 次数	第3组 次数
腿举	15~20	10~15	6~10	下蹲	15~20	10~15	6~10
俯身杠铃划船	15~20	10~15	6~10	背阔肌下拉	15~20	10~15	6~10
卧推	15~20	10~15	6~10	哑铃斜推	15~20	10~15	6~10
侧平举	15~20	10~15	6~10	杠铃肩推	15~20	10~15	6~10
站姿肱二头肌弯举	15~20	10~15	6~10	仰卧肱三头肌臂屈伸	15~20	10~15	6~10
哑铃肱三头肌臂屈伸	15~20	10~15	6~10	杠铃牧师凳肱二头肌弯举	15~20	10~15	6~10
	组间间歇60秒	组间间歇90秒	组间间歇2分钟		组间间歇60秒	组间间歇90秒	组间间歇2分钟

*有经验的举重者可以进行第四组训练，只选择每个金字塔的前三个练习。这一组训练每个练习进行2~6次，然后休息两分钟。

前耗尽或后耗尽常规训练

这是一个具有挑战性的常规训练，进行两组式训练时，第一个练习完成10~12次，第二个练习完成8~10次，每对练习之间没有休息。三组式消耗训练耗尽练习，第三个练习完成6~8次，同样练习之间没有休息，每大组练习之间休息一下。大家可以选择交替进行上体和下体练习，或先进行上体练习，然后再进行下体练习。每组耗尽练习进行1~2大组训练。大家没有必要进行两大组以上训练，因为如果训练方法正确，由于训练总量已经翻倍，大家将获得非常充分的训练。进行三组耗尽训练时要注意，身体会很快出现疲劳。进行这些练习，大家应该选择低于大家通常使用的负重。

表16.7　　　　　　　　　　　　两组式耗尽训练

前耗尽 间歇90秒		后耗尽 间歇90秒	
练习	次数	练习	次数
哑铃胸肌飞鸟*	10~12	卧推	10~12
卧推	8~10	哑铃胸肌飞鸟*	8~10
腿屈伸	10~12	腿举	10~12
腿举	8~10	腿屈伸	8~10
哑铃仰卧屈臂上拉	10~12	背阔肌下拉	10~12
背阔肌下拉	8~10	哑铃仰卧屈臂上拉	8~10
提踵	10~12	俯卧腿弯举	10~12
俯卧腿弯举	8~10	提踵	8~10
仰卧肱三头肌臂屈伸	10~12	肩推	10~12
肩推	8~10	侧平举	8~10
仰卧卷腹	10~12	仰卧卷腹	10~12
背屈伸	8~10	背屈伸	8~10

表16.8　　　　　　　　　　　　三组式耗尽训练

前耗尽 间歇90秒		后耗尽 间歇间90秒	
练习	次数	练习	次数
哑铃胸肌飞鸟*	10~12	卧推	10~12
卧推	8~10	哑铃胸肌飞鸟*	8~10
绳索交叉	6~8	斜推	6~8

| 前耗尽 | | 后耗尽 | |
| 间歇90秒 | | 间歇间90秒 | |
练习	次数	练习	次数
腿屈伸	10~12	腿举	10~12
腿举	8~10	腿屈伸	8~10
腿屈伸	6~8	腿举	6~8
哑铃仰卧屈臂上拉	10~12	背阔肌下拉	10~12
背阔肌下拉	8~10	哑铃仰卧屈臂上拉	8~10
哑铃仰卧臂屈伸	6~8	背阔肌下拉	6~8
提踵	10~12	俯卧腿弯举	10~12
俯卧腿弯举	8~10	提踵	8~10
坐式提踵	6~8	坐姿腿弯举	6~8
仰卧肱三头肌臂屈伸	10~12	肩推	10~12
肩推	8~10	侧平举	8~10
仰卧肱三头肌臂屈伸	6~8	肩推	6~8

＊可以用器械代替哑铃进行胸肌飞鸟练习。

哑铃循环训练

当健身房锻炼的人很多时，适合进行哑铃循环训练。如果有哑铃和凳子，也适合在家进行哑铃循环训练。每个练习，可以完成12~15次重复动作。循环训练中的每个练习，都应当完成，练习之间没有间歇或间歇时间很短。初学者完成1~2个循环练习，每个循环之间休息3分钟；高水平练习者可以减少间歇时间，最多可以进行5个循环练习。即使在疲劳状态下也要保持动作规范，每周可安排2~3个不连续的训练日进行循环训练。

表16.9　　　　　　　　　　哑铃循环训练

初级 每个练习12~15次	中级 每个练习12~15次	高级 每个练习12~15次
下蹲	前后分腿蹲	前后分腿蹲
哑铃卧推	哑铃划船	哑铃罗马尼亚硬拉
哑铃划船	哑铃斜推	交替哑铃卧推
侧平举	哑铃肩推	哑铃划船

初级 每个练习12~15次	中级 每个练习12~15次	高级 每个练习12~15次
单臂哑铃弯举	肱三头肌哑铃俯身臂屈伸	前举和侧举
仰卧肱三头肌臂屈伸	锤式弯举	肱三头肌颈后臂屈伸 哑铃弯举
循环之间的间歇3分钟	循环之间的间歇3分钟	循环之间的间歇3分钟

分开训练

分开练习是最流行的训练方法，训练难度较大，有助于单独训练具体的肢体部位。要让分开训练发挥效果，每周训练次数应该不低于2次。高水平健美运动员每周多达6次训练，为了避免过度训练，每周安排力量训练次数不应该超过4次。进行分开训练，必须让肌肉休息24~48小时后再进行相同肌肉群的训练。

两天分开重复训练

此训练以两天为一个周期，这种训练针对那些挑战身体进行超量训练的练习者。两天为一个训练周期，一周之内重复两个周期的训练，续表中下肢训练内容放到第一天或第二天进行训练，同样，下肢训练内容也是每周重复两次。

表16.10　　　　　　　　　　**两天分开重复训练**

第一天 前四个练习，每个练习完成后休息2分钟， 其余每个练习结束后休息90秒			第二天 前四个练习，每个练习完成后休息2分钟，其 余每个练习结束后休息90秒		
推力练习	组数	次数	拉力练习	组数	次数
卧推	3	8	坐式划船	3	8
斜推	3	8	背阔肌下拉	3	8
肩推	2	8	背阔肌下拉（掌心向内）	2	8
双杠臂屈伸	2	10	站姿肱二头肌弯举	2	10
机器胸肌飞鸟	2	10	牧师凳肱二头肌弯举	2	10
仰卧肱三头肌臂屈伸	2	10	哑铃弯举	2	10
肱三头肌下压	2	10	仰卧卷腹	3	12
侧平举	2	10			

在第一天或第二天训练内容的基础上增加腿部训练 前三个练习，每个练习完成后休息2分钟，其余每个练习结束后休息90秒		
练习	组数	次数
腿举	3	8~12
腿屈伸	3	8~12
俯卧腿弯举	3	8~12
提踵	3	8~12

四天分开重复训练

以下常规训练属于一个传统的健美分开训练。如果大家每周训练四天，连续训练不少于四周，那么这种常规训练会让大家肌肉看上去很棒。它能训练到人体的各个部分，一周之内就能完成身体各个部位的训练，同时又能让大家有时间进行正常生活。即使是初学者也能进行这类训练，因为大家可以得到充分的休息。高水平练习者可以增加训练组次，而初学者每个动作可以只进行1~2组训练。训练间隙，进行必要的休息。

表16.11　　　　　　　　四天分开重复训练

第一天	第二天	第三天	第四天
每个练习完成3组每组10~12次 每组训练后休息90秒		每个练习完成3~4组每组8~10次 每组训练后休息75秒	
哑铃斜推	腿举	卧推	单腿腿举
哑铃卧推	腿举	倾斜式卧推	前后分腿蹲
哑铃倾斜胸肌飞鸟	坐姿腿弯举	绳索交叉	单腿弯举
哑铃肩推	提踵	器械胸肌飞鸟	坐式提踵
耸肩	哑铃划船	器械肩推	宽握背阔肌下拉
仰卧肱三头肌臂屈伸	窄握背阔肌下拉	肱三头肌颈后臂屈伸	背阔肌下拉（掌心向内）
肱三头肌下压	直臂背阔肌下拉	绳索反握肱三头肌下拉	器械坐式划船
仰卧卷腹	杠铃牧师凳肱二头肌弯举	扭转卷腹	绳索肱二头肌弯举
扭转卷腹	杠铃肱二头肌弯举	平板支撑	交替哑铃弯举

挑战自我

如果大家厌倦了一般的常规训练，可以从下列几个训练计划中选择一个，从而增加训练的多样性和挑战性。当然，大家可以根据自己的需要对这些常规训练进行改进。

针对薄弱部位进行针对性训练，是抗阻训练的一种常规方法。根据经验来说，首先应该训练大肌肉群，然后再训练小肌肉群，但是如果某个部位特别薄弱，希望得到改善，那么必须进行针对性训练。我们都希望拥有好身材，针对性训练是实现这一目标的较好方法。虽然局部减脂是不可能的，但是通过针对性抗阻训练完全可以让局部肌肉变得更加紧致，即使多一点脂肪也能体现出较为理想的外观。

核心区训练

改变身体腹部外形是一个较难的训练任务，在不减脂的情况下，这个世界上任何练习都没法帮助腹部练出6块肌肉。核心区训练包括背部和腹部训练，其能减少伤病，改善身体姿势，增进身体健康状况。核心区训练已经成为业界的流行语。

表16.12　　　　　　　　　　核心区训练

第一天 每组间歇90~120秒			第二天 每组间歇90~120秒		
练习	组数	次数	练习	组数	次数
平板支撑	3	8	肘掌平板支撑	3	8
转动平板支撑	2	10	转动平板支撑	2	10
消防栓旋转练习	2	12	消防栓旋转练习	2	12
背屈伸	2	12	背屈伸	2	12
仰卧卷腹	3	15	反向卷腹	3	15
盆骨举	2	10	站姿旋转	3	10
侧向弯腰	2	每侧10次	稳定球后拉	3	10
斧劈	2	12			

巅峰训练

巅峰训练能改善肱二头肌和肱三头肌的体积和外形，让双臂呈现理想的外观。这项训练每周最多不超过2次，组数设计应该让肌肉完全或几乎力竭。各组之间的间歇时间要短，以实现肌肉增长最大化。进行这项训练时，不要忽视其他肌肉群的发展，应该保持腿部、背部、胸部和核心区的训练，每周至少训练1次。

表16.13　　　　　　　　　　　　　　　上臂巅峰训练

初级		中级		高级	
每组完成10~12次，间歇为60秒		每组完成10~12次，间歇为60秒		每组完成10~12次，间歇为60秒	
练习	组数	练习	组数	练习	组数
哑铃弯举	2	杠铃肱二头肌弯举	3	杠铃牧师凳肱二头肌弯举 哑铃弯举	3个超级组
肱三头肌下压	2	杠铃牧师凳弯举	2	杠铃肱二头肌弯举	3
绳索肱二头肌弯举	2	哑铃单臂弯举	2	绳索肱二头肌弯举	3
肱三头肌哑铃俯身臂屈伸	2	肱三头肌颈后臂屈伸	3	仰卧肱三头肌臂屈伸 凳上反屈伸	3个超级组
锤式弯举	2	肱三头肌下压	2	肱三头肌下压	3
凳上反屈伸	2	绳索反握肱三头肌下压	2	肱三头肌颈后臂屈伸	3

加强基础训练

从名称上来判断，加强基础听起来像是纯粹的肌肉训练。请女士们不要害怕，对于你们来说，加强基础更多是增强腿部和臀部，同时确保下背部和腹部得到较好的训练。要加强基础，关键在于给肌肉施加较大的负荷，而不是选择最少的休息和较轻的负重进行循环训练。

表16.14　　　　　　　　　　　　　　　加强基础训练

第一天			第二天		
两组间歇为2~3分钟			两组间歇为2~3分钟		
练习	组数	次数	练习	组数	次数
下蹲	3	8	单腿下蹲	3	8（每条腿）
凳上跨步	2	10	哑铃下蹲	2	15
前后分腿蹲	3	10（每条腿）	进行分腿蹲	3	8（每条腿）
直腿硬拉	2	8	单腿屈伸	2	12
腿弯举	3	12	稳定球后拉	3	10
提踵	2	10	单腿提踵	2	12（每条腿）
坐式提踵	2	10	单腿提踵	2	12（每条腿）
仰卧卷腹	3	12~15	扭转卷腹	3	12~15
背屈伸	3	12~15	背屈伸	3	12~15

腿部训练

进行腿部训练计划，如果完成不了3次，至少也要完成2次。当完成一组练习后，感觉两腿发抖，站立困难，就可以终止腿部练习了。如果没有出现上述情况，需要再进行训练，直至筋疲力尽为止，注意保持动作的规范性。

表16.15　　　　　　　　　　　　　腿部训练

序号	超级组**	次数	备注	间歇
1	腿屈伸 坐姿腿弯举	10 10	每次向上移动用时1秒，向下移动2秒	90秒
2	腿屈伸 坐姿腿弯举	5 5	负重重量为第一组的1/2至3/4 每次向上移动用时5秒，暂停5秒，向下移动5秒 整组运动中保持运动姿势和所用的时间不变	90秒
3	腿屈伸 坐姿腿弯举	6 6	负重重量为第一组的1.25~1.5倍 离心训练：辅助者将负重举至最高位置，训练者慢速将负重放下	3分钟
4	绳索内收肌上举 绳索侧向上举 髋屈伸***前后 分腿蹲	12 12 12 12（每条腿）	每次向上移动用时2秒，向下移动3秒	2分钟
5	前后分腿蹲 绳索内收肌上举 绳索侧向上举 髋屈伸***	12 12 12 12	每次向上移动用时2秒，向下移动3秒	3分钟
6	提踵 坐式提踵	10 10	每次向上移动用时2秒，向下移动3秒 如果进行第10次练习体力还没耗尽，可以增加负重	30~60秒
7	提踵 坐式提踵	10 10	每次向上移动用时2秒，向下移动3秒 如果进行第10次练习时体力还没耗尽，可以增加负重	30~60秒

* 如果大家需要更多训练，重复第4或第5组练习。如果大家需要增加小腿肌肉训练，可以重复第6和第7超级组训练。

**每个超级组练习之间不要进行休息。

***如果没有髋关节伸展器械，可以使用绳索髋关节屈伸训练替代。

臀部和大腿训练

所有为泳装季节做准备的女士们非常清楚这项训练的目标：打造臀部和大腿曲线，减少脂肪。不论水平如何，都可以进行臀部和大腿训练。初学者不应训练到筋疲力尽，每周只能训练1~2天，休息时间不少于72小时，高级别训练者可以将一周训练次数提高到3次，前提是肌肉不出现过度疼痛。控制每组训练之间的间歇时间，不宜太长，大约为60~75秒。

表16.16 臀部和大腿训练

初级 两组间歇60~75秒			中级 两组间歇60~75秒			高级 两组间歇60~75秒		
练习	组数	次数	练习	组数	次数	练习	组数	次数
髋屈伸	2	12~15	髋屈伸	2	12~15	髋屈伸	3	12~15
俯卧腿弯举	3	10~12	单腿弯举	3	10~12	直腿硬拉	3	8~12
腿举	3	8~10	单腿腿举	3	8~10	凳上跨步	3	8~10
绳索 侧向上举	2	12~15	下蹲 徒手下蹲	2个 超级组	每组10次	腿举（单 腿训练）	3	10~12
绳索内收肌 上举	2	12~15				行进分 腿蹲	2	20
						徒手下蹲	2	20

上半身训练

该训练的主要目的在于增强胸部与背部的力量。如果要进行上半身训练，以下训练内容是很好的练习。

表16.17 上半身训练

序号	练习	次数	备注	组间间歇
1	卧推 坐式划船 肩推 背阔肌下拉 肱三头肌下压 绳索弯举	6 6 6 6 6 6	开始时，选用可以完成10次练习的负重。每次练习，向上移动用时2秒，暂停4秒，然后向下移动2秒	3分钟

序号	练习	次数	备注	组间间歇
2	卧推 坐式划船 肩推 背阔肌下拉 肱三头肌下压 绳索弯举	6 6 6 6 6 6	负重重量为第一组的2/3，向上移动用时2秒，暂停4秒，然后向下移动2秒	2分钟
3	卧推 坐式划船 肩推 背阔肌下拉 肱三头肌下压 绳索弯举	6 6 6 6 6 6	负重重量为第二组的2/3，向上移动用时2秒，暂停4秒，然后向下移动2秒	3分钟 重复同组训练 间歇5分钟
4	哑铃胸肌飞鸟 哑铃卧推	10 10	该超级组进行第五组练习时会让肌肉力竭，谨慎选择重量	60秒
5	俯身飞鸟 哑铃划船	10 10	该超级组进行第六组练习时会让肌肉力竭，谨慎选择重重量	60秒
6	肱三头肌哑铃俯身臂屈伸 哑铃弯举	10 10	谨慎选择重量并进行训练	休息3分钟 重复4、5、6组训练

哑铃综合训练

哑铃能有效地增加常规训练的多样性，练习时应该关注动作的规范性，保持身体稳定。哑铃练习时，间歇30秒，开始下一项练习，随着训练难度的增加，需要增间歇时间。不要被器械表象所蒙蔽，这项训练具有较大的挑战性，以下超级循环练习要求训练者全力以赴。

表16.18　　　　　　　　　　　哑铃综合训练

第一个循环练习 每个练习训练12次， 两个练习间歇30秒	第二个循环练习 每个练习训练12次， 两个练习间歇30秒	第三个循环练习：超级组* 每个练习训练12次， 两个练习间歇30秒
哑铃卧推	哑铃卧推	下蹲（双手持哑铃置于肩部） 哑铃肩推

第一个循环练习 每个练习训练12次， 两个练习间歇30秒	第二个循环练习 每个练习训练12次， 两个练习间歇30秒	第三个循环练习：超级组* 每个练习训练12次， 两个练习间歇30秒
哑铃划船	下蹲（双手持哑铃置于肩部）	哑铃直腿硬拉 哑铃直立提拉
哑铃肩推	哑铃划船	哑铃卧推 肱三头肌哑铃俯身臂屈伸 或颈后臂屈伸
哑铃直立提拉	哑铃直腿硬拉	哑铃划船 哑铃弯举
肱三头肌哑铃俯身臂屈伸或 肱三头肌颈后臂屈伸	哑铃肩推	单腿提踵（两只哑铃置于体侧） 仰卧卷腹（双手持住哑铃置于 肩部）
哑铃弯举	单腿提踵（两只哑铃置于体侧）	
下蹲（双手持哑铃置于肩部）	哑铃直立提拉	
哑铃直腿硬拉	仰卧卷腹（双手持哑铃置于肩 部）	
单腿提踵 （两只哑铃置于体侧）	肱三头肌哑铃俯身臂屈伸或 肱三头肌颈后臂屈伸	
仰卧卷腹（双手持哑铃置于 肩部）	哑铃弯举	

*完成第一个动作的第一组练习，接着再完成第二个动作的第一组练习，然后再休息。

作者简介

　　大卫·桑德勒，担任多个电视节目的科学顾问，节目包括Spike TV的系列剧《Jesse James Is a Dead Man》，Fox Sports的《Sport Science》系列节目，National Geographic的《Fight Science》《Super Strength》《The Science of Steroids》以及《Humanly Possible》等。桑德勒是StrengthPro股份有限公司的总裁兼创办者之一，担任《Muscle and Fitness》《Muscle Mag International》《Reps》《Maximum Fitness》等杂志以及NSCA的《Performance Training Journal》的顾问委员会成员。

　　桑德勒从事力量和体能训练顾问工作已有20年，同时还与众多组织合作，开展了全球性讲座300余场，这些组织包NSCA、ACSM、AFPA、AAHPERD、IFPA、SWIS、ECA和SCW Fitness等。2005年，桑德勒获得IFPA颁发的"年度最佳教师奖"。

　　桑德勒作为一名世界级的力量举重运动员，重点研究力量和爆发力训练。他独自撰写或合著过5本书，发表过学术论文20余篇，并在《Muscle and Fitness》《Men＇s Health》以及《Oxygen》等介绍爆发力和力量训练的杂志上发表文章150余篇。